Devenez un négociateur excellent

Maitrisez les déterminants psychologiques

de la négociation pour obtenir ce que vous voulez

Olivier Pasquier

© 2019, Olivier Pasquier

Edition : BoD, Books on Demand.

12 /14 rond-point des Champs-Elysées, 75008 Paris

Impression : BOD – Books on Demand, Norderstedt, Allemagne

ISBN : 978-2-3221-5863-8

Dépôt légal: Octobre 2019

Introduction

Un de vos plus importants clients vous appelle pour exiger une baisse de 10% des prix sinon il part à la concurrence. Or, vous êtes déjà au plus bas de votre grille tarifaire.

Demain a lieu votre entretien annuel d'évaluation et vous désirez absolument une augmentation. Non seulement vous avez d'excellents résultats mais vous êtes moins bien payé que vos collègues. Toutefois, vous savez que l'enveloppe d'augmentation est répartie dans l'équipe et qu'il vous faudra gagner contre les autres.

Vous êtes responsable d'un projet technique. Votre projet avance, mais il a du retard et c'est un problème pour vos managers. Lors du prochain comité de pilotage, vous allez devoir obtenir à la fois un délai de rendu et plus de ressources, alors que vous savez que c'est quasi-impossible, car toutes les ressources disponibles sont affectées à des projets essentiels, et qu'aucun retard ne sera accepté.

Vous discutez d'un contrat de rachat de part d'une PME avec un avocat qui défend l'intérêt de son client, un fond d'investissement et qui cherche à prendre tout le pouvoir immédiatement, en proposant des clauses juridiques impossibles.

Les situations professionnelles où l'on doit négocier sont fréquentes. Elles sont même quasi-permanentes. Négocier, c'est à chaque fois que l'on entre en discussion avec un collègue, un client, un partenaire, car à chaque fois il y a des enjeux forts, une difficulté pour y arriver et un risque de conflit.

Le mot négocier a pour étymologie une négation. Le latin « otior » décrit l'état de non-activité, de repos, de loisir. Négocier, c'est de ne pas être en repos. Négocier, c'est tous les moments où l'on est en interaction, en affaires avec les autres humains.

Nous avons rencontré trop de gens qui disaient « je ne sais pas négocier », « avec moi, c'est tout ou rien », « j'ai accepté ce qu'il m'a dit, parce que sinon ce serait des discussions sans fin ». Négocier est donc absolument nécessaire, c'est la base de toute relation professionnelle. Et pourtant, savoir négocier, c'est si peu maîtrisé.

La vie courante montre tellement de situations de conflits, où de bonnes capacités de négociations seraient utiles. Combien de gens s'acharnent dans un conflit entre voisins. Combien s'énervent avec un employé de magasin, combien racontent à leurs amis qu'ils ont cloué le bec à un inconnu. Tout cela ne serait pas plus fructueux en discutant et trouvant une solution négociée ?

La bonne nouvelle, c'est que négocier s'apprend. L'objectif de ce livre est de donner des outils pour améliorer ses capacités de négociation. Une bonne négociation réussie, c'est quand on a obtenu plus que si l'on n'avait pas négocié. Tout simplement. Un meilleur prix, un délai plus important, deux nouveaux membres d'une équipe projet plutôt qu'un, etc. La négociation est un processus pour obtenir quelque chose, pour régler un conflit ou satisfaire un besoin dépendant des autres. La négociation prend place entre la relation simple et directe d'une transaction habituelle (acheter une baguette de pain, demander à son voisin de bureau d'emprunter sa paire de ciseaux ou faire la queue en attendant son tour), et une relation conflictuelle dans l'autorité et la soumission.

La négociation est donc un échange entre êtres humains dans laquelle chacun y met un enjeu personnel. On entre en négociation avec un potentiel de gain mais sans être sûr de gagner quelque chose, tout en risquant de perdre, et avec l'espoir d'y construire une relation de long-terme avec son client, son patron, son partenaire.

Il existe de nombreux livres de négociation, de nombreuses formations pour améliorer ses pratiques. Toutefois elles ont leurs limites. La négociation est un processus qui a lieu entre êtres humains et non pas entre robots. L'humain est complexe, l'humain est créatif, l'humain est surtout émotionnel. Il vient dans les négociations avec l'envie de réussir, il ressent la peur de perdre, il peut avoir confiance dans le succès, il peut être triste ou en colère. On ne peut pas réduire la négociation à une suite d'outils à imiter simplement, comme des recettes de cuisines. La réalité est plus complexe car l'humain est porteur de complexité, dans sa nature propre. Il faut donc être capable d'improviser, de s'adapter à chaque situation. Une suite de règles à suivre ne fonctionne pas.

Imaginer un être dépassionné est très utile pour analyser froidement les mécanismes de la négociation. Se tenir dépassionné, froid, distant est souvent très efficace pour réussir une négociation. Mais cet être est très abstrait, car nous sommes le sujet de mouvements émotionnels que nous ne maîtrisons pas forcément, et nous pouvons être l'objet des états émotionnels de l'autre partie, ce qui aura un impact sur la négociation. La peur que l'autre ressent, son envie de couper court à la négociation, sa manière d'exiger, de contraindre ou d'ordonner, nous oblige à se tenir prêt aux jeux émotionnels.

La négociation peut être vue comme l'affrontement de la volonté de deux personnes fortes, irréductibles, droites dans leurs bottes, qui savent exactement ce qu'elles veulent et qui sont en négociation comme sur un champ de bataille, où seul le plus fort gagnera. Et pourtant quand on négocie son prix, son salaire, son délai de livraison, on vit dans un monde où les objectifs sont flous, où l'on comprend qu'il faut faire des concessions, sans savoir lesquelles, où on a peur de perdre et envie de gagner. Où les enjeux émotionnels nous conduisent, nous bouleversent, nous animent.

La négociation est surtout un engagement sur l'avenir. « Si je baisse mon prix, vous vous engagez à augmenter vos commandes ? », demandera le commercial à son client. Cet engagement n'est possible que si l'on a confiance. Et la confiance est un sentiment si fragile. Comment fait-il, comment se développe-t-il ?

La négociation est une relation ou chaque protagoniste possède un pouvoir sur l'autre. Chacun détient quelque chose que l'autre n'a pas, une capacité d'influence sur le niveau des échanges et une capacité d'engager l'avenir. C'est le lieu des inconnus, des risques, des difficultés complexes.

La négociation se déploie dans un monde émotionnel. On n'échappe pas aux émotions, elles sont le carburant de la vie. Négocier, c'est une discussion alimentée par ce carburant, pour avancer dans les rapports humains. Se développer en négociation, c'est aussi prendre en compte la situation émotionnelle des parties prenantes, comprendre leur dynamique, maîtriser leur présence.

Cet aspect émotionnel de la négociation est souvent négligé dans les ouvrages de négociation, car c'est un monde complexe, ou l'on ne peut pas énoncer les douze règles d'une négociation réussie. Il faut tirer les fils, dérouler les possibles et vivre dans la demi-mesure. C'est ce que ce livre essaie de faire.

Nous sommes le seul matériau qui nous soit accessible. On ne contrôle pas l'autre comme une marionnette. En revanche, nous pouvons changer notre perception, notre point de vue, notre position intérieure. Notre attitude est la seule capacité sur laquelle nous avons un véritable contrôle. Les auteurs de livres de négociation déclarent souvent dans des règles de comportement « faites ceci, faites cela ». Ils donnent des règles à imiter, des injonctions à suivre, mais comment les faire siennes ?

Beaucoup de formations à la négociation se concentrent sur les tactiques, les outils de manipulation à utiliser pour se mettre en situation de force, pour être le dominant de l'échange. Ce livre prend un autre angle, il essaie d'améliorer d'abord l'attitude intérieure. L'apprentissage n'est pas la copie d'outils. On n'apprend pas à améliorer son service au tennis en lisant le livre des huit règles du meilleur service. On s'entraîne et on réfléchit sur son attitude intérieure, sa position, son énergie qui a permis de mettre la balle au bon endroit et on essaie de la reproduire.

Il nous faut donc partir du seul matériau accessible : nous-même, notre attitude, nos réactions, notre façon d'agir. Nous devons comprendre les tenants psychologiques de la négociation et comprendre comment améliorer notre rapport à la négociation, la façon que nous avons d'interagir. Nous devons trouver les bons déterminants d'une attitude efficace.

Les premières théories économiques étaient basées sur l'idée d'un acteur rationnel qui mesurait les prix et achetait le produit qui lui correspondait au meilleur prix. Cette théorie a montré ces limites. Les marchés sont irrationnels, les acheteurs sont irrationnels, ils sont plus attirés par les marques que par les prix, ils adoptent des comportements moutonniers. En négociation, il faut suivre le même chemin, comprendre que l'acteur rationnel n'est qu'un modèle théorique et analyser comment la prise en compte de la dimension émotionnelle nous permet d'améliorer nos pratiques.

La première partie de ce livre décrit, analyse et démontre les mécanismes psychologiques en jeu dans les négociations. La deuxième partie examine et décrypte les rapports humains qui entrent en jeu dans une négociation. La troisième partie explique et détaille comment mettre en action ces idées dans la dynamique d'une négociation.

Première partie

La dynamique émotionnelle de la négociation

Antoine devait négocier avec Myriam, son fournisseur, sur des délais de livraison plus courts pour sa commande de biens industriels.

Antoine

« Je ne comprends pas, j'avais bien préparé mes arguments et ma position, j'avais bien compris le risque de l'absence d'accord. Je suis entré dans cette négociation en étant très confiant sur la capacité d'en sortir efficacement. C'était pour moi une négociation très importante, je ne pouvais pas me permettre d'échouer. La personne en face a été très dure, je n'ai pas réussi à la convaincre, elle ne m'a pas cru et m'a attaqué personnellement. J'ai eu l'impression d'avoir à faire à un mur. Je crois que Myriam a pris rapidement ombrage de ma position, elle a cru que je la prenais pour une idiote à répéter mes arguments, elle m'a dit alors qu'elle n'avait plus confiance en moi. J'ai eu peur que nous n'avancions pas, aussi j'ai cédé sur des points importants. Nous avons trouvé un accord, mais je reste mécontent. Car finalement je n'ai pas obtenu ce que je voulais, à savoir une réduction des délais de livraison. »

Myriam

« Cette personne est arrivée et a été très agressive dès le début, je n'ai pas compris ce qu'elle voulait, donc j'ai décidé de ne rien céder. Comme elle insistait vraiment, j'ai été obligé de lui montrer à qui elle avait à faire et que je n'étais pas du genre à me laisser impressionner. Et ça a marché car elle a fini par faire des concessions, heureusement, sinon je serais partie. Donc j'ai tenu tête et j'ai obtenu quelques points. Je n'aurais pas ce que je voulais

vraiment, c'est-à-dire une baisse du coût de livraison, mais bon il faut savoir tenir tête aux gens obtus et on obtient toujours un peu. »

De nombreuses négociations échouent lors d'une dynamique inscrite dans un modèle qui est proche de cet exemple. Les protagonistes viennent à la table de négociation préparés et conscients. Mais des jeux psychologiques complexes se créent entre les parties. Ils perturbent les discussions et prennent le pas sur le contenu. Les enjeux personnels et psychologiques se mettent à contrôler la dynamique. Et les accords possibles - qui pourraient être simples - s'échouent sur la falaise des émotions.

On peut décrire une négociation comme une recherche d'accord rationnel, où chacun vient à la table avec des demandes et des capacités de concession, et la discussion rationnelle aboutit à un accord bénéfique à toutes les parties. Mais ce schéma est très théorique et dans la plupart des négociations difficiles, des interventions émotionnelles des deux côtés viennent perturber les débats rationnels.

L'objectif de cette première partie est donc de comprendre les émotions en jeux dans une négociation afin de développer des outils pour améliorer notre maîtrise des négociations.

La situation émotionnelle des parties

Les émotions dans la négociation

Une négociation peut être décrite comme un rapport entre deux personnes, qui essaient de résoudre une question d'interdépendance, avec des besoins divergents. Négocier, c'est chercher une solution commune à partir d'intérêts divergents. Une négociation est une méthode de résolution d'un conflit d'intérêt ou de position ou les parties sont interdépendantes. « Je veux quelque chose, mais c'est l'autre qui a le pouvoir de me la donner ».

- Je veux vendre à un prix plus élevé, mais l'autre peut acheter à un concurrent moins cher.

- Je veux partir à la montagne en vacances, mais mon compagnon préfère la mer.

- Je veux obtenir un délai dans le rendu de mon projet car nous sommes en retard, mais mon manager veut qu'il soit terminé vendredi.

- Je veux obtenir une belle augmentation de salaire, mais notre entreprise ne fait pas de bénéfices et mon manager n'a qu'un petit budget.

Chaque partie arrive à la table des négociations avec son expérience, ses attentes, ses peurs et ses contraintes. La négociation n'est pas un programme informatique qui trouve un point entre deux positions, selon des algorithmes précis et rationnels. Si on négocie, c'est justement que l'on a besoin de parler, de comprendre, de toucher à l'humain. Sinon, un programme qui recherche le prix en fonction de critères préétablis serait suffisant, comme ceux qui fixent le prix des actions à la bourse. Ou bien on pourrait négocier facilement par email.

Une négociation est une discussion rationnelle, car réalisée par des acteurs adultes, rationnels, capables de réfléchir et de décider. Une négociation, c'est aussi une discussion émotionnelle, car plein d'enjeux, d'envies, de peurs ou de besoins psychologiques.

La nombreuse littérature qui analyse les négociations insiste beaucoup sur un modèle de protagonistes rationnels. Ces acteurs préparent leur négociation, sont conscients de leurs besoins ; ils ont analysé leurs possibilités et se préparent à un échange d'argumentq pour emporter la négociation et trouver un accord.

Le modèle rationnel est le cœur du sujet de nombreuses études autour de la négociation. Il est évident que les premières questions qu'on doit se poser pour essayer d'améliorer ses capacités de négociation sont de l'ordre du rationnel : comment préparer ses objectifs, quels sont les outils à utiliser, quelles sont les préparations à mettre en place ?

De nombreux manuels décrivent des modèles pour décrire les différents stades qui rythment une négociation et indiquent comment agir, quels outils utiliser, quelle manœuvre mettre en place. Souvent ils décrivent d'excellents outils pour professionnaliser les négociations.

Un acteur rationnel mesure les enjeux, fait des propositions, discute de ses valeurs, fait un choix et prends des engagements. On peut résumer la partie rationnelle d'une négociation à ce processus-là. Il est assez simple, mais ce n'est que la partie émergée de la négociation. Comme l'image classique de l'iceberg, la plupart des mouvements sont invisibles et n'appartiennent pas à la sphère rationnelle de notre esprit.

En effet, il est assez rare que dans la vie réelle, on puisse négocier simplement et rapidement. Même dans des cas assez classiques, les discussions deviennent souvent complexes, difficiles et laissent les acteurs frustrés ou inefficaces.

Si la pure rationalité était l'unique constituant des négociations, la paix régnerait sur toute la planète. L'exemple frappant, et souvent utilisé, de la situation inextricable du Proche-Orient montre que ces négociations ne sont pas juste réalisées par deux groupes discutant des modalités pour vivre sur le même territoire. La mémoire de leurs passés, les peurs complexes de l'avenir, jouent un rôle essentiel dans les enjeux de ces discussions. Ils ont surement en tête les intentions cachées qu'ils imaginent chez l'autre. Il est possible qu'ils se disent « vous me faites ici une proposition rationnelle, mesurée et intéressante, mais c'est pour mieux me manipuler et obtenir un avantage contre moi ». Chaque partie prête à l'autre des objectifs cachés et qui justifient des décisions - ou l'absence de décision - sur des points rationnels. Le continent émotionnel est plus important pour expliquer la dynamique de négociation que d'imaginer une série de validations rationnelles des propositions.

Pour autant il est vrai que le modèle de l'acteur rationnel est excellent, car c'est avec cette attitude qu'on obtient les meilleurs résultats, en gardant le contrôle des échanges avec une posture la plus rationnelle possible. Les manuels nous enseignent de rester rationnel, assez froid, distant pour pouvoir négocier avec habileté. Et nous analyserons dans le détail pourquoi.

Toutefois dans la plupart des cas, il est très difficile de tenir le rôle de négociateur rationnel des deux côtés. L'autre partie peut dangereusement essayer de jouer de l'autorité, jouer des jeux pervers de pouvoirs, menacer, intimider, refuser la négociation, élaborer des tactiques manipulatoires. Ou bien le négociateur peut avoir peur, perdre ses moyens, ne pas arriver à contrôler la discussion. Souvent les enjeux sont trop grands pour que chaque partie succède à ne pas se laisser déborder par les émotions. Il est facile de donner son opinion sur les négociations des autres, mais quand il s'agit de négocier son salaire, le prix de vente de sa maison et de négocier dans son couple, les meilleurs négociateurs perdent leurs moyens, ils sont submergés par leurs enjeux émotionnels.

Une attitude classique de la littérature de management est d'enjoindre le lecteur à cacher ses émotions, à se focaliser sur les processus rationnels et maîtrisés, à se tenir froid et distant. Et en même temps, toute une littérature managériale parle du Quotient Emotionnel, de leadership et de motivation et nous enjoint de développer nos capacités à convaincre, à raconter des histoires, à faire appel à l'émotion pour pouvoir agir sur les autres. Il y a donc l'apparence d'un paradoxe. Faut-il en négociation être le plus proche possible du robot, ou faut-il prendre en compte les émotions, tel le manager moderne ? Pour résoudre ce paradoxe, nous allons analyser les émotions à l'œuvre dans les négociations.

Les émotions sont constitutives de notre être, de notre rapport au monde. Un être sans émotion est un ordinateur, un robot. Il est capable de mesurer, de comparer et de prendre des décisions selon des calculs purement rationnels, mais très limité à son programme précis. Or les rapports humains sont remplis d'émotions, d'ambitions, de volonté. La base même d'une négociation est la rencontre entre une volonté et un projet rationnel. Deux ordinateurs à qui on donnerait toutes les données sur les rapports de force et de volonté au Moyen-Orient, sur une négociation de prix, ou sur les avantages d'un week-end à la montagne n'arriveraient pas à convaincre les deux parties que le scénario calculé est le meilleur possible pour eux. Car il leur manquerait la volonté d'aboutir, le désir d'obtenir plus et de résoudre la peur de perdre.

La partie rationnelle et la partie émotionnelle de notre cerveau ne sont pas déliées. Elles ne fonctionnent pas séparément, elles sont liées, s'influencent réciproquement et entrent en jeu en même temps. L'émotion est plus rapide, on s'enflamme d'abord avant de se raisonner, mais on ne dissocie pas les deux processus. Ils sont concomitants.

Le modèle de l'acteur rationnel est intéressant, mais il est insuffisant pour comprendre ce qui se passe dans une négociation et pour nous permettre d'être plus efficace. On entend parfois au sujet d'un négociateur « il est très fort », ou alors un négociateur qui annonce fièrement « j'ai été inflexible ». Ces locutions montrent que la capacité d'un négociateur va au-delà de son habileté à calculer, prévoir, mesurer.

Ainsi, si un acteur purement rationnel entre dans une négociation avec une série d'arguments très forts mais rencontre des protagonistes très émotionnels, il ne réussira pas à trouver une solution. Le négociateur ne peut pas être uniquement un animal froid et détaché qui applique des règles. Il est contre-productif d'essayer de contraindre l'autre à être aussi un animal froid ; l'émotionnel des protagonistes est un ciment pour bâtir des négociations efficaces, ou en tout les cas, apprendre à améliorer sa capacité à négocier.

La négociation est un processus dans lequel les protagonistes projettent des enjeux importants. Une négociation n'est pas seulement un débat rationnel sur des calculs. Face à une feuille Excel, savoir que si l'on augmente ses coûts de production de 5 centimes par produit, cela entrainera une augmentation des coûts de production totale de 7%, n'est pas une négociation, c'est un calcul. C'est une négociation si les enjeux autour des coûts de production sont différents parmi les protagonistes.

Si dans un échange entre êtres humains, on arrive à une négociation, c'est bien parce que les discussions rationnelles immédiates n'ont pas permis de trouver une solution. Une négociation existe parce que les protagonistes ont des enjeux complexes. Ces enjeux donnent du sens aux discussions, car ils placent ces discussions dans un réseau de relations, de significations, de conséquences, de causes. Décider d'un week-end à la mer ou à la montagne, est-ce vraiment important ? Et pourtant tous les couples vivent des crises, démarrées sur un sujet anodin mais sur lequel toutes les émotions convergent. Les enjeux personnels complexifient fortement les discussions rationnelles et nécessitent de dépasser la mise au point simple pour passer dans le domaine de la négociation, lieu des émotions.

Imaginons un directeur commercial qui négocie le prix de vente de ses produits avec un client. Évidemment, la volonté des deux parties est différente : l'un veut vendre à un prix élevé et l'autre veut réduire ses coûts d'achats ; il s'agit d'une négociation commerciale classique. Pourtant les enjeux personnels peuvent être plus ou moins importants. Si le directeur commercial essaie d'atteindre un niveau de chiffre d'affaire qui lui permettra d'atteindre une grosse prime, cette négociation devient plus importante que la même discussion, tenue trois mois auparavant. On pourrait imaginer que son entreprise va mal et qu'à travers cette négociation, il essaie de conserver son poste en danger. Les émotions qui vont le traverser vont différer, suivant les enjeux qu'il met dans cette négociation et qui n'ont pas de lien avec la partie rationnelle, calculatoire de la négociation. Et selon ces enjeux intérieurs, ses réactions seront très différentes. Au contraire, si notre directeur commercial a atteint son quota de chiffre d'affaire du trimestre, il arrivera avec une grande liberté, acceptera facilement de ne pas conclure sa vente. Sa situation personnelle, ses enjeux personnels ont plus d'impact sur la négociation que les questions de prix, de coût, de calcul précis.

La négociation est une discussion entre personnes humaines ; c'est la recherche d'un accord basé sur les besoins des parties. Or ces besoins sont complexes ; ils sont liés à de nombreux enjeux à l'intérieur du cerveau de chaque partie. Et ces enjeux définissent le cadre émotionnel de la négociation.

Une discussion sans enjeu n'est pas une négociation, c'est une simple transaction. L'exemple le plus simple est l'achat d'une baguette de pain dans une boulangerie. Chaque partie est consciente et claire sur ce qu'il va se passer : l'échange d'argent contre une baguette. Ce n'est pas une négociation, c'est une manière transactionnelle de régler un rapport humain. On entre en négociation quand les possibilités de trouver une solution rapide et simple à un besoin ont été épuisées, que ce soit la transaction simple ou une demande autoritaire.

Nous vivons dans un monde où la règle est l'intensification des rapports humains. Les relations au travail sont de plus en plus complexes et en période de crise et de redéfinition économique, les enjeux sont de plus en plus importants pour chacun des acteurs. La pression sur les résultats augmente, les risques présents dans les interactions augmentent. Donc la charge émotionnelle des parties est en augmentation dans beaucoup de négociations.

Si les relations économiques ont de plus en plus d'enjeux, les négociations dans la vie courante sont elles aussi pleines d'enjeux. Discuter d'un projet d'achat d'une maison avec son compagnon, demander une augmentation à son manager, négocier un délai dans un projet dont on est responsable, sont des situations avec un fort enjeu. La vie personnelle et professionnelle est remplie d'émotions et d'enjeux complexes et interdépendants.

Ces enjeux nourrissent notre machine émotionnelle et repoussent ou endorment notre capacité à maîtriser rationnellement les discussions. Ils créent des tensions, des difficultés qui nous éloignent de la résolution simple des négociations. Ces tensions, ces enjeux, sont le terreau des émotions qui vont grandir et agir sur la négociation. Si un négociateur professionnel et aguerri est capable de gérer toutes ces tensions avec un grand professionnalisme, la plupart d'entre nous ne le sont pas. La bonne nouvelle est qu'on peut progresser. Un des objectifs principaux de ce livre est d'aider à comprendre ces émotions pour permettre de progresser en négociation.

Très souvent, les protagonistes déroulent des jeux de pouvoirs et d'autorité, appliquent des outils manipulatoires, par pur calcul rationnel. On pourrait penser que la partie rationnelle domine la partie émotionnelle. Mais lorsqu'on interroge les acteurs sur la raison qui les poussent à utiliser des outils d'influence, on entend que c'est l'anticipation qui est le moteur. « L'autre partie va essayer de m'influencer et de me manipuler, il faut donc que j'utilise mes propres tactiques de manipulation ». C'est par anticipation des manipulations de l'autre que je me sens obligé de devenir manipulateur. Avant tout échange, j'anticipe déjà un échange émotionnel avec des enjeux forts. Le négociateur arrive à la table de la négociation avec un certain degré d'appréhension. L'anticipation des mouvements dilatoires de l'autre partie peut causer chez un négociateur assez rationnel des mouvements émotionnels forts. Cela ressemble à une auto-prédiction. « Je sais qu'il va falloir que je sois manipulatoire pour gagner, donc je me prépare à l'être ».

On n'échappe donc pas à la présence des émotions dans une négociation. Il n'y a pas de négociation sans enjeux, donc sans partie émotionnelle forte des protagonistes.

Pourquoi est-ce se réfugie-t-on dans le jeu d'autorité, dans le jeu de position, plutôt que d'être dans un partenariat gagnant-gagnant ? Les auteurs classiques de la négociation insistent sur la dualité des deux attitudes : chercher un accord gagnant/gagnant ou se battre sur ses positions. Les bonnes négociations seraient celles où l'on prend le chemin de la discussion des intérêts et pas des positions. Or la plupart des négociations possèdent leur part de jeux de positions. Il est donc important de comprendre pourquoi ces jeux adviennent et quels sont les mécanismes en cause. Ainsi, lorsque nous maîtriserons mieux les déterminants psychologiques des jeux de positions, ou plus généralement des jeux émotionnels des négociations, nous pourrons mieux les contrôler, les canaliser, réduire les tensions, et être plus efficace. D'abord en soi, dans son propre cheminement pour améliorer ses capacités, et chez les autres ensuite, pour mieux gérer la dynamique de la négociation.

L'existence d'enjeux, plus ou moins important, est bien constitutive des négociations. Ces enjeux font naître des émotions fortes chez les négociateurs et sont capables de perturber les avancées. Comprendre et maitriser l'impact émotionnel de nos discussions est essentiel pour améliorer notre capacité à négocier.

Dans toute relation humaine, nous passons à un moment par des discussions à enjeux. Notre cerveau a été éduqué à résoudre ces enjeux. Au plus jeune âge, l'enfant insiste auprès de ses parents pour obtenir immédiatement son objet de désir : manger, son jouet, regarder la télévision. Il n'a pas les capacités cognitives pour établir un plan de conviction, amener des arguments rationnels et mesurés. L'enfant demande, insiste, crie, pleure et hurle parfois pour obtenir ce qu'il veut. En tant qu'être humain, nous apprenons assez tôt que plus notre demande est forte, c'est-à-dire importante pour soi, plus la résolution de cette tension passe par des expressions fortes de nos émotions.

Le travail de l'éducateur est de montrer la voie étroite entre satisfaction du désir et capacité à prendre de la distance. « Oui, je comprends que c'est important pour toi, et je t'amène un biberon », « Non, tu n'as pas besoin de ce jouet maintenant, attends deux minutes ». Et nous grandissons en apprenant à gérer ces émotions entre désir immédiat, capacité à différer leur satisfaction et contrôle de soi. Mais sans doute gardons-nous l'idée qu'en insistant de manière forte et sans compromis, nous obtiendrons ce que nous voulons.

Par exemple, la réaction de colère est une émotion très forte, exprimée pour obtenir rapidement ce que l'on veut et pour se protéger de ce qui est vécu comme une agression. Cette réaction de colère existe chez la plupart des animaux supérieurs. Les mammifères territoriaux sont capables d'exprimer de la colère pour conserver leur territoire ou leur place sociale. Avant même d'être capable de réfléchir, mesurer, peser, argumenter, le cerveau des primates s'est développé pour exprimer colère, peur et agressivité. Ces capacités sont toujours en nous et les enjeux forts entraînent parfois notre esprit à s'exprimer avec des émotions primitives.

L'émotion est une énergie qui nous traverse et qui tend à mobiliser toutes nos ressources. On ne fera pas faire du calcul mental à quelqu'un en colère. Quand on ressent une émotion forte, toute l'énergie de notre cerveau est mobilisée. C'est un sprint cérébral. La peur est une réaction qui permet de mobiliser son corps, ses muscles, toute l'énergie de son être quand on se sent en danger. La peur, et sa capacité à mobiliser l'énergie de tout notre être, a dû être bien utile à nos ancêtres poursuivis par des tigres aux dents de sabre.

Or la négociation oblige à être très souple intellectuellement, à intégrer des données de différents niveaux, à se projeter dans le futur, à évaluer des options présentées, à influencer l'autre. Quand l'émotion est forte, les processus cognitifs supérieurs ne fonctionnent plus très bien. On ne fait pas de l'algèbre poursuivi par un tigre aux dents de sabres. Lorsqu'on mène des discussions à enjeux, on se trouve donc dans une partie rationnelle et au milieu d'émotions fortes ou contradictoires qui nous traversent. C'est ici que naissent des biais intellectuels. C'est un mécanisme extrêmement important de notre cerveau. Lorsqu'il subit des tensions fortes, des émotions intenses, notre cerveau va chercher des raccourcis dans ses raisonnements pour faire baisser ces tensions, de manière inconsciente. Et ces raccourcis ne sont certainement pas les solutions les plus mesurées, efficaces et fructueuses d'une négociation complexe.

Nous naissons donc avec des capacités d'éprouver et de manifester des émotions fortes. Puis dans notre éducation, nous intégrons des réflexes, des manières de faire, des raccourcis, pour faire baisser les tensions émotionnelles. Ces réflexes à la fois innés et appris, ou renforcés au cours du temps, sont capables d'évoluer au cours du temps. On organise même des ateliers de gestion de la colère pour ceux qui n'ont pas des mécanismes de régulation assez forts, afin de leur apprendre comment gérer ces émotions incontrôlables.

Ce que cela prouve, c'est que le réflexe émotionnel est fort, primordial, souvent incontrôlable. Il peut être maîtrisé mais il est très difficile de l'ignorer. Plus il y aura d'enjeux dans les négociations, plus le risque sera présent de voir surgir des émotions fortes, qui n'amèneront pas la négociation dans son chemin le plus efficace.

Un des aspects importants de ce livre est d'essayer de résoudre le couple négociation et jeu d'autorité. Ce sont deux manières de régler les rapports sociaux. Dans la jungle animale, c'est celui qui montre les dents qui emporte la décision, c'est celui qui se bat le plus fort qui impose sa volonté. C'est le plus autoritaire qui reçoit de l'obéissance. L'autorité, c'est essayer imposer sa volonté à l'autre, sans négociation.

Comme l'a montré R. Cialdini[1], le rapport à l'autorité est un des leviers les plus puissants qui agit sur nos cerveaux. Or la négociation est un processus qui essaie de résoudre des différents entre individus, de trouver des accords entre des intérêts différents, en utilisant autre chose que l'autorité. Le pouvoir, le rapport de force n'est jamais absent de tout contact social ni de toute négociation. Imposer sa

---

[1] Influence et manipulation, 1984

volonté, impressionner, imaginer des tactiques pour agir par autorité est une des parties de la négociation. Dans cet ouvrage, l'objectif est d'essayer de bâtir des manières de faire qui permettent d'éviter le rapport de force au profit de la négociation. C'est un processus bien plus maîtrisé et plus fructueux !

Enfants, nous nous sommes sans doute tous demandés, au regard des informations télévisées, mais pourquoi se battent-ils plutôt que de s'asseoir et de discuter comment vivre heureux ensemble ? La guerre détruit et ne laisse rien, quand la paix enrichit et crée des situations de satisfactions. Pourquoi toutes ces nouvelles sur des gens qui se battent ? Pourquoi ne discutent-ils pas pour trouver des solutions ? Quelle autre réponse donner à un enfant que de dire que les émotions des gens présents sont bien plus fortes que leur volonté d'aboutir à un résultat rationnel et applicable. Le recours à la force, au pouvoir semble tellement plus présent dans les rapports humains que la négociation.

Le couple « peur et confiance »

La négociation est un processus qui décide d'un avenir, qui engage ses protagonistes sur les conséquences de la négociation, sur l'avenir des résolutions prises et des décisions en commun. Dès qu'on entre en négociation, c'est qu'il y a un besoin, le désir d'obtenir quelque chose de chaque côté. Mais nous entrons en négociation aussi avec le risque de ne pas obtenir ce qu'on veut, ou pas assez, ou pas comme on voulait. Entrer en négociation, c'est donc entrer dans une zone d'incertitude et de risque.

L'incertitude est toujours présente en négociation : « que va-t-il se passer à l'avenir ? » est une interrogation permanente de nos cerveaux de primates évolués. Cette question est présente au début et pendant toutes les phases de la négociation. L'incertitude est un constituant fondamental des négociations. On négocie parce qu'on a besoin de l'autre, et l'on négocie parce qu'on ne sait pas ce qui va se passer.

Si je suis certain que je vais être augmenté de 4% de mon salaire en janvier, je ne vais sans doute pas négocier en novembre une augmentation personnelle. Si je sais que que mon client va acheter mon produit et que dans le fond il est convaincu, ce n'est plus une négociation, c'est du réglage de détails de contrat. Nous négocions dans les limites définies par ce qui n'est pas certain, dans la zone d'incertitude entourant la certitude.

Une discussion sur un processus obligatoire, un règlement, une loi, une procédure n'est pas une négociation. Lorsque l'alarme-incendie retentit dans un bureau, on ne s'assoit pas à la table pour discuter des modalités d'application de la procédure. On suit la procédure, ce n'est pas le temps de la négociation. A la rigueur, on aurait pu négocier les conditions d'applications du processus au préalable, mais c'est parce qu'on est dans l'incertitude de ces conditions que l'on négocie. La négociation se place dans la zone d'incertitude des relations humaines qui se situe entre la règle et l'inconnu.

Cette incertitude laisse les protagonistes dans un état de questionnement : *« Ce qu'il va se passer sera-t-il à mon avantage ? » « Vais-je gagner ou perdre à cette discussion ? »*. Dans toute négociation, il y a une part de risque, dans le risque naît le doute. L'issu de la négociation n'est jamais certaine et cette incertitude créée des doutes.

C'est dans cette source de doutes et de risques que naissent les émotions qui contrôlent une négociation. C'est sur ce risque et sur ce danger que se construisent la plupart des événements émotionnels de cette relation particulière entre humains qu'est une négociation.

La peur, l'appréhension, la sensation du risque est un réflexe émotionnel ancré profondément en nous. C'est une émotion qui mobilise notre énergie et notre cerveau pour éviter le danger. Notre cerveau reptilien nous entraîne à réagir au quart de tour face au danger. Il met en œuvre des mécanismes physiologiques très utiles quand il fallait échapper aux prédateurs dans la savane : accélération du cœur, concentration du sang dans les muscles, décharge d'adrénaline, etc. La peur, c'est la réaction émotionnelle au danger. C'est une anticipation du risque. « Il va se passer quelque chose de dangereux et je ne sais pas comment exactement ». Quand quelque chose d'inconnu se présente devant nous, notre cerveau active cette capacité d'anticipation. Une partie de notre cerveau se demande si cette nouveauté est porteuse d'un danger et s'il doit se défendre.

Ce mécanisme était très utile à l'homme primitif qui devait se demander si le buisson qui bouge signifiait qu'un prédateur s'y cachait et était prêt à lui sauter dessus, ou si c'était juste le vent qui faisait bouger les feuilles. Notre ancêtre était prêt à fuir, se défendre, attaquer au moindre bruit dans un buisson. On peut imaginer que cette capacité a permis la sélection naturelle des individus capables d'éprouver de la peur face à un danger. Ceux qui possédaient cette capacité échappaient plus volontiers aux carnassiers et cette capacité est alors présente chez tous ses descendants, par sélection naturelle.

Dans les négociations et les situations d'interaction sociale, les risques sont évidemment bien moindres. Toutefois, ce mécanisme d'anticipation continue à régler les états émotionnels. Une manifestation courante est le trac, cette peur qui s'exprime dans la prise de parole en public, dans l'anticipation du risque et de l'enjeu personnel. Mais un sentiment diffus de peur existe dans toute situation de risque.

Le mot « peur » peut décrire un état émotionnel intense, à la limite de la panique. Espérons que cet état ne sera pas présent dans nos futures négociations. Mais nous serons forcement dans un certain état diffus de tension, de sentiment de danger, d'appréhension et de conscience du risque, que nous appellerons « peur », même si un sentiment vivace ne se présente que de manière détournée, sous forme d'une sensation de risque, ou de quelque chose qui nous titille quand on pense aux enjeux de perte importants.

La peur est donc une émotion qui nait de la pensée du danger, du risque. Or le risque est toujours présent en négociation. Il y a des enjeux, nous voulons obtenir quelque chose, nous risquons de ne pas l'obtenir. Les relations sans enjeux sont de simples transactions. On pourrait reprendre l'exemple de l'achat d'une baguette de pain, il n'y a pas d'enjeu, il y a peu de risque, il n'y pas de peur particulière à cette transaction. Sans enjeu, il n'y a pas de risque, il n'y a pas de sentiment de danger. Avec enjeux, le risque est toujours présent. Or il n'y a pas de négociation sans risque de perdre ou de ne pas obtenir quelque chose d'important.

Le premier risque est dans l'objet même de négociation : avoir ou non une augmentation, réussir à vendre mon produit, obtenir un délai dans le rendu de mon projet. Dans le cas d'une simple négociation de vente d'un produit, on risque de ne pas avoir l'accord du client, on risque d'accepter un prix trop bas, de ne pas prendre en compte les coûts de livraison et de rater sa marge, etc. Chaque partie entre en négociation ayant en tête les enjeux, les risques, et avec un certain degré de peur, c'est-à-dire d'anticipation de perdre. Si je vais négocier une augmentation de salaire, non seulement j'ai le risque de ne rien obtenir, mais je suis porteur d'autres risques, comme de me faire mal voir de mon manager, ou de me voir critiquer pour avoir demandé.

On peut aussi avoir peur de l'autre : *« Il me cache quelque chose, il prépare un mauvais coup, il me manipule »*. Ces pensées sont dans l'anticipation d'un risque caché dans la volonté de l'autre. « Que va-t-il me réserver ? », « quel lapin dangereux va-t-il sortir de son chapeau » ?

On peut aussi avoir peur de soi. « Je ne vais pas y arriver », « je manque de confiance en moi ». Des négociateurs qui ont subi beaucoup d'échecs et de difficultés perdent leur capacité à prendre de la distance avec cette peur et leur sentiment va augmenter avec leurs mauvaises expériences.

Ce sentiment de peur, fort ou diffus, qu'on pourrait appeler risque, danger, naît donc des enjeux et de l'incertitude.

Le mécanisme physiologique de la peur réduit la capacité cognitive. La peur mobilise les énergies, prépare à la défense ou la fuite. Mais la peur entraine une limitation de notre capacité à penser. Ce réflexe est très utile pour mobiliser le corps face au danger, mais il réduit la capacité à réfléchir, analyser, mesurer. Pire encore, la peur réduit fortement notre capacité à imaginer, créer, se projeter, créer des scénarios. Seul un certain état de relaxation et de confiance permet au cerveau d'utiliser ses capacités supérieures de créativité. Or, cet état de créativité de la conscience est extrêmement utile en négociation. A un certain moment de la négociation, notre cerveau doit pouvoir mesurer l'impact des propositions faites, imaginer des scénarios alternatifs, imaginer d'autres arguments convaincants, maîtriser le processus, être attentif à l'autre : c'est un marathon cérébral. Un état de peur ralentit, inhibe nos capacités à bien négocier, détourne l'énergie vers un sprint pour échapper à l'objet qui fait peur.

C'est d'ailleurs un phénomène de prise de pouvoir sur l'autre. Les jeux de pouvoir, nous le verrons, consistent notamment à mettre la partie adverse en situation de risque ou de peur, dans le but de lui faire éviter d'imaginer des solutions alternatives et de lui faire accepter des offres du type « à prendre ou à laisser ». Dans le mécanisme de la menace : « Faites ceci ou alors vous allez le regretter », c'est la peur qui est appelée. Menacer, intimider, c'est toujours essayer d'influencer l'autre par un appel à la peur.

La principale solution pour essayer de faire diminuer la peur en soi est la préparation. En connaissant ses limites, en bâtissant des scenarios, en imaginant les desiderata et les positions de l'autre partie, on fait baisser la perception du risque. Le cerveau imagine toutes les possibilités et se sent plus en maîtrise, sa sensation d'être dans l'inconnu baisse, ce qui fait baisser la peur ressentie et permet de se concentrer sur des choses plus importantes. On se prépare pour ne pas trop improviser, et on se prépare aussi pour augmenter sa confiance personnelle.

L'expérience est évidemment la seconde solution. Par habitude, on gagne en confiance, on sait qu'on a réussi toutes les négociations depuis longtemps. On a développé des réflexes face à la majorité des situations. Cette capacité à avoir confiance en soi ne se développe que par l'expérience.

Toutefois, les négociateurs avisés, entraînés et professionnels, n'échappent pas à la question de la pression du risque, car ils sont amenés à conduire des négociations de plus en plus complexes avec des défis de plus en plus importants. L'esprit humain est fait de telle façon que face à des enjeux plus forts, les émotions fortes ressurgissent et notre capacité rationnelle s'efface.

Pour les débutants, comme pour les négociateurs aguerris, maîtriser la peur, la sensation de risque reste un exercice nécessaire.

La peur est également un avantage. La peur est un réflexe qui permet d'éviter les dangers. Ce réflexe est très utile même en négociation. Une personne sans peur serait évidemment naïve et manipulable. Se méfier constitue un avantage. Ce réflexe d'anticipation du risque donne une force. Avoir peur de perdre une négociation nous entraîne à mieux nous préparer, à être prêt en cas d'attaque des protagonistes. La peur est présente dans les négociations et elle permet d'éviter les dangers. La négociation est une discussion à enjeux, porteuse de risque, donc être conscient du danger permet de les éviter.

La peur est aussi une motivation pour essayer de mobiliser l'énergie de l'autre. Les appels à la peur sont d'ailleurs absolument quotidiens. Beaucoup de publicités fonctionnent sur le principe d'un appel à la peur, « avez-vous pensé au risque de … ». Un manager peut jouer de la peur pour essayer de mobiliser l'énergie de ses équipes « si vous ne finissez pas ce projet dans les temps impartis, il y aura des réductions de personnel ». La peur reste partout très utilisée pour essayer de faire changer d'avis ou faire agir. C'est un motivateur puissant. Ou en tout cas très utilisé.

En négociation ou en vente, c'est aussi une tactique très classique qu'un protagoniste utilise pour essayer de souligner un argument : *« Si vous ne prenez pas mon produit, vous risquez de perdre »* quelque chose.

L'exemple extrême serait le preneur d'otage qui dirait « si vous ne me donnez pas ce que je veux, je vais assassiner les otages ». La menace est donc une tentative poussée, extrême, d'appel à la peur pour essayer de motiver l'autre partie, de le faire agir selon un cadre simple : *« Faites ce que je veux, ou bien les conséquences seront terribles »*. Pousser l'autre par la peur des conséquences est la tactique la plus classique, la plus présente, la plus immédiate de l'influence.

Jouer de la tension, du risque, puis de l'apaisement est un exercice de manipulation très classique. Le manipulateur, plus ou moins subtilement, essaie d'abord de faire vibrer les émotions de sa cible par la peur puis ensuite joue l'apaisement. Il essaie d'obtenir un changement de perception et d'analyse, d'appeler à l'action ou de faire accepter ses arguments et sa façon de voir.

La peur, ou la tension venant de la conscience d'un risque, est donc souvent une opportunité pour mobiliser l'énergie des protagonistes. Jouer de la peur est donc à la fois un acte mobilisateur et un risque de perdre la capacité d'action.

Chacun a sa réaction propre face à une situation dangereuse dans une discussion à enjeux. La peur crée des tensions intérieures et notre esprit a développé des mécanismes réflexes pour soulager cette tension. Les stratégies d'évitement en sont un exemple fort, voire extrême, parfois pathologique. Certains se réfugient dans le silence, d'autres au contraire sont très bavards. Certains vont devenir froids et distants ou d'autres vont devenir de plus en plus émotionnel face aux enjeux d'une discussion importante. Tous ces réflexes, habitudes, et façons de faire, constituent une partie de notre personnalité. Chacun a sa propre personnalité construite dans la rencontre entre sa biologie et ses expériences, et réagira différemment face à une situation de tension relationnelle.

Le négociateur avisé devra comprendre quel est le réflexe principal de la personne en face de lui, en présence d'émotions fortes. Et pourra ainsi agir pour faire baisser cette tension. Nous verrons les différentes étapes et possibilités pour agir face à une situation forte de sentiment de danger. Il reste que le négociateur avisé verra dans un sentiment de danger, une opportunité pour faire avancer la relation et la discussion. Jouer de la tension et de l'apaisement, jouer le jeu du « *good cop / bad cop* » est une tactique manipulatoire assez classique. Manipuler n'est jamais une solution efficace en négociation. Toutefois, créer une petite tension peut éveiller l'attention d'une personne sur un sujet précis : « *Avez-vous déjà pensé au risque de voir votre maison brûler ? »,* dira la publicité pour une assurance.

Une négociation se déroule selon un processus que nous détaillerons. Lors de ce processus, le négociateur va devoir écouter l'autre partie, formuler des scénarios gagnants, être attentif à ses objectifs, trouver des accords. Mais le degré de peur ou de tension va influer directement sur le processus de négociation. En cas de tensions fortes entre les parties et la conscience du risque d'avancer, chacun se réfugie dans une zone de sécurité, cesse d'avancer vers la résolution et le processus est bloqué.

Franck devait négocier la prise de participation d'un fonds d'investissement dans son entreprise. Après de nombreuses discussions, un scénario a été bâti. Franck analyse ce scénario, fixé dans une proposition écrite et qui n'est concentré que sur les risques présents. *« Si les investisseurs écrivent ces clauses, cela veut dire que demain ils en demanderont encore plus, donc je ne réponds pas à l'ensemble de cette proposition, je la rejette en bloc »*. La négociation est bloquée par la peur de Franck. Est-elle fondée ou non ?

La peur paralyse les processus cognitifs supérieurs et empêche l'esprit de se concentrer sur autre chose que l'objet du risque. Si nous avons peur, nous risquons d'oublier d'évaluer la proposition présente et notre énergie psychique, notre concentration, sera tournée vers le risque que nous percevons. La sensation du danger concentre l'énergie psychique vers la conservation de soi, vers ses propres besoins, pas vers l'évaluation des arguments.

Or une partie importante d'une négociation consiste à essayer de convaincre l'autre partie de la validité de ses opinions, de faire accepter ses propositions, son cadre d'analyse. Si chacun est concentré sur soi, aucun ne peut faire un pas vers l'autre, chacun essaie de pousser ses pions sans se demander ce que l'autre pense réellement. Aucun n'est vraiment attentif à la position et aux objectifs de l'autre. On se laisse déborder par l'anticipation du danger et le processus de résolution de ces différends est bloqué.

A certains moments d'une discussion, la peur devient un facteur principal de blocage. C'est-à-dire que nous voulons que l'autre partie accepte nos propositions, mais elles sont rejetées parce que la tension est trop grande. Et c'est exactement le même processus de l'autre côté de la table. Au lieu d'une avancée gagnant-gagnant, on arrive souvent à un état bloqué-bloqué.

Quand bébé pleure, c'est désagréable, je lui donne donc quelque chose, ce que je crois qu'il veut, pour qu'il arrête. Le même processus est à l'œuvre dans la négociation. La peur crée une tension intérieure, et le cerveau cherche inconsciemment à résoudre ces tensions. Un négociateur très performant saura comment concentrer cette tension vers l'avancée du processus de négociation. Mais les négociateurs moins expérimentés seront happés par des réflexes d'échappement à cette tension intérieure, selon des mécanismes souvent inefficaces. Par exemple, ils pourront prendre un engagement sans avoir réfléchi à ses conséquences, ils arrêteront de proposer des scénarios alternatifs et sautera sur la première idée présentée, ils perdront toute possibilité de discussion et s'enfermera dans un « prendre ou à laisser ». La peur est mauvaise conseillère, paraît-il, en tout cas, elle nous empêche d'évaluer complétement une situation.

Nos cerveaux sont entraînés depuis notre naissance à gérer toutes ces émotions. Ils ont développé des réflexes face au risque, à la pensée de la peur. Il s'agit de réflexes émotionnels et relationnels que notre cerveau met automatiquement en marche face à une situation de tensions et de risques. Ces réflexes s'appuient sur un des objectifs majeurs de notre cerveau, qui est d'éviter la situation désagréable en trouvant une solution rapide. Évidemment l'efficacité à long terme de ces stratégies d'évitement est globalement négative, mais il s'agit de réflexe, de court-circuit de notre câblage interne, de réflexes acquis, qui restent inconscients.

Dans certaines cultures le oui négatif est très valorisé. C'est-à-dire : dire oui, quand on sait que c'est non. Le dialogue intérieur doit être quelque chose comme *« Si je dis non, il va devenir méchant et agressif, donc je dis oui, même si je sais que c'est non. »*. Ce qui bloque la négociation, puisque l'autre partie va prendre ce « oui » pour acquis et avancer, alors que le processus est bloqué du point de vue de l'autre partie. La négociation avance, mais de manière biaisée. Ce blocage resurgira plus tard et sous forme bien plus complexe. Ces stratégies d'évitement guidées par la peur sont une grande source de blocage.

Face à une situation bloquée, face à une situation à enjeux, face au risque et à la peur, la tentation est grande d'avoir recours à l'autre mode de résolution des conflits : l'autorité. La négociation est une des solutions pour résoudre un conflit, une difficulté, un besoin réciproque, mais le recours à l'autorité est plus commun, plus facile et plus rapide pour réduire les tensions.

Ce qu'il faut préciser ici, c'est que le recours à l'autorité, aux jeux de pouvoir, aux guerres de positions est la conséquence d'un climat de défiance provenant de prémices à la négociation basée sur la peur et la conscience du risque.

L'autorité se construit aussi sur une relation entre personnes irriguées par la peur. J'accepte l'autorité de quelqu'un, par la peur que m'inspire cette autorité. On peut aussi accepter l'autorité sans peur de façon plus rationnelle, mais le recours à l'autorité comme mode d'imposition de ses vues est lié à ce sentiment de danger présent dans de nombreuses situations de relation. C'est une méthode d'influence des comportements qui est très classique. Nous y reviendrons.

Un climat où l'on créé un sentiment de risque peut dégénérer. La contagion émotionnelle est un phénomène très important à comprendre. Se mettre en face et discuter avec une personne très mal à l'aise ne nous met pas en situation d'être confiant. C'est l'influence réciproque. L'être humain est fondamentalement empathique ; il éprouve de façon automatique et inconsciente les émotions que l'autre ressent. Cette empathie est présente à des degrés divers chez les individus, mais elle est toujours présente et souvent inconsciente.

Entrer en négociation la peur au ventre va non seulement mettre le protagoniste dans une situation difficile mais peut aussi déstabiliser l'autre dans un réflexe empathique. La peur renforce la peur. Le négociateur avisé devra sans doute se forcer à sourire et être engageant dans le seul but de créer une émotion de ce type chez la personne en face.

D'autre part, on peut utiliser consciemment des tactiques visant à instaurer un sentiment de risque. Sans aller jusqu'à la menace ou l'intimidation, user d'argument d'appel au danger créé un climat de tension : « si vous n'achetez pas cette assurance, et que vous avez un accident, quelles seront les conséquences ? ». On peut jouer de cette tension pour lutter contre l'apathie, mais cela ne créé pas un sentiment de coopération ou de confiance. L'appel à la peur comme facteur de motivation est toujours surévalué dans nos sociétés. L'appel à la peur est tellement présent que souvent on croit qu'on doit renchérir pour créer une tension d'intérêt. Une négociation se gagne, on le verra, par la création de relations entre les protagonistes. La tension et le risque sont des outils très dangereux à manier, mieux vaut s'en éloigner.

C'est dans l'incertitude et dans le sentiment de danger que naît le besoin de confiance. La confiance est ce mouvement de l'esprit qui va accepter comme vrai, comme certaine, une personne ou une idée. C'est un mouvement qui va supprimer le doute. Faire confiance, c'est supprimer le doute, en l'absence de preuves certaines. « J'ai confiance que ceci va se passer », « j'ai confiance en lui, il tiendra ses engagements. ». Quelles que soientt les sources de cette confiance (habitude, analyse rationnelle, mouvement intuitif), la confiance va combler l'incertitude, faire réduire le risque perçu et faire baisser les enjeux émotionnels.

Daniel, commercial dans l'imprimerie, négociait une commande pour une PME. Jacques, le patron de cette PME demandait une réduction de coût. Daniel a très classiquement proposé une réduction sur volume. *« J'accepte de baisser mon prix de 20% si vous vous engagez à commander au moins 30% de plus »*. Pour que Daniel soit en position de faire cette proposition, il doit être confiant dans le fait que Jacques puisse commander plus, qu'il soit capable d'entendre cette idée, que son employeur puisse fournir cette commande plus importante, etc. Sans cette confiance dans l'environnement de la négociation, Daniel n'aurait pas pu faire cette proposition simple et la négociation n'aurait pas avancé.

Si chacune des parties a entièrement confiance en l'autre, dans ses engagements, dans ses propositions, alors il ne s'agit presque plus d'une négociation. Si les différentes parties d'une proposition sont perçues par chaque partie comme certaines, alors la négociation est très courte. Il ne s'agit plus que d'une discussion de modalités d'un contrat qui est clair pour chacun.

Dans une négociation où les deux parties seraient persuadées intimement que l'autre ment, qu'il ne tiendra jamais ses engagements, qu'il fera des blocages, on avancerait à pas de tortue. Chaque parole serait emprise de doute, devrait être vérifiée, contractualisée, tout sera très lent. La négociation n'est pas impossible entre deux parties qui sont à la limite de s'entretuer, mais elle est très longue et très difficile.

Une négociation classique se situe donc entre ces deux pôles : confiance forte et méfiance forte. La négociation contient une partie de confiance et une partie de risque. C'est dans la zone entre ces deux pôles que se joue la négociation.

La présence du mensonge est toujours un risque important dans une négociation. Mener une négociation, c'est parler de l'avenir en commun de chaque partie. A la fin d'une discussion de négociation, on aboutit à des engagements de part et d'autre. Mentir, c'est amener une proposition en sachant qu'elle n'est pas vraie. Le risque est toujours présent que soient amenés à la table des négociations des engagements intenables, voire mensongers. On comprend bien qu'un négociateur doive essayer de convaincre, de faire bouger les lignes, de faire changer l'idée de la personne en face. Et dépasser les lignes de la vérité pour faire évoluer la perception qu'a l'autre partie de la situation, c'est une tentation immense. Mais le mensonge est contre-productif. Il sera forcément dévoilé à un moment. Il permet de gagner un point à court terme mais ruine la crédibilité du menteur, dont les engagements futurs n'auront aucune valeur. Un négociateur excellent se tient éloigné du mensonge et de la manipulation. Ce n'est pas une question de bien ou de mal, c'est une question d'efficacité. Un petit gain à court terme pour une très lourde perte à moyen terme, ce n'est jamais intéressant.

On se situe dans la vie réelle forcément entre les deux extrêmes de la confiance et de la méfiance. J'ai en face de moi quelqu'un en qui j'ai une certaine confiance : mon fournisseur ne va pas se lever au milieu de la réunion, en brandissant un couteau, mais avec lequel j'ai des doutes : je ne suis pas sûr qu'il accepte un délai de paiement de soixante jours. Une négociation est donc une discussion dans laquelle on est articulé entre des zones de certitudes et des zones de risque.

En négociation, nous sommes toujours face à un risque : *« vais-je obtenir quelque chose ? », « vais-je devoir donner plus que ce que je croyais ? »*. Ce sentiment de risque est un frein à l'acceptation d'une proposition. Construire un environnement de confiance avec l'autre permet de réduire ce risque. « Je sais que si je m'engage sur ceci, alors l'autre partie tiendra aussi ses engagements ».

Quel que soit le degré de préparation et d'analyse rationnelle, les négociations convoient leur lot d'incertitudes et c'est dans ces interstices que vont devoir agir la confiance ou la peur. « J'ai confiance en lui », signifie que je suis convaincu, émotionnellement, que les engagements pris seront respectés.

Face au risque que fait peser l'incertitude d'une négociation, on peut essayer de tout contrôler. Par exemple une négociation peut aboutir à rédiger des clauses juridiques très précises ne laissant aucune place à l'interprétation. C'est un moyen de réduire le risque. Mais le risque zéro n'existe pas, le contrôle a des limites et l'incertitude sur l'avenir est toujours présente. La confiance est nécessaire pour remplir les vides laissés par le contrôle des conséquences de la négociation.

Dans le processus qu'est la négociation, la question suivante est toujours présente dans l'esprit des protagonistes : *« puis-je faire confiance à ce qui est dit ? »* Une partie de la négociation porte sur l'exposé des demandes et des objectifs des protagonistes. On peut se demander : *« sont-elles justifiées »*, une autre partie porte sur les engagements qui sont donnés, *« seront-ils tenus ? »*

Si on fait confiance à 100% en la personne en face, alors la négociation est très simple, c'est une simple transaction. Si j'achète une baguette de pain dans une boulangerie, rien n'est sujet à discussion, je suis sûr que la personne va me donner une baguette contre de l'argent, et ne va pas s'enfuir avec mon argent ou me donner une baguette faite en plâtre, parce que j'ai acheté 100 fois une baguette et que je n'ai jamais entendu d'histoire de fausse baguette de pain. De plus, l'enjeu est minimum ; si j'achète une baguette qui n'est pas comme je voulais, trop cuite, pas assez fraîche, ce n'est pas un problème immense. A enjeux faibles, besoin de confiance faible.

En négociation, nous passons un certain temps à nous interroger sur l'autre : quelles sont ses motivations, où veut-il en venir, est-il en train de nous manipuler, que veut-il vraiment ? Nous dépensons beaucoup d'énergie psychique à essayer d'anticiper les motivations de la personne en face. Or cette énergie n'est pas investie ailleurs, dans la créativité de solution ou l'évaluation des arguments de l'autre. Plus nous avons confiance dans la partie adverse, plus le flux de la discussion est facilité. Dans une relation où la confiance est minimale, chaque pas en avant doit être validé. Si nous imaginons une relation commerciale avec un pays difficile, où l'on se dit que les factures sont difficilement payées et que les recours juridiques sont impossibles, alors avant même de penser à envoyer nos marchandises, il faudra trouver des solutions pour s'assurer d'être payé. Chaque pas qui serait tenu pour acquis dans un certain environnement, par exemple que ses factures seront toujours payées, devient sujet à discussion dans le cas de ce pays étranger, car ce pas est plein d'incertitudes. L'absence ou la faible confiance dans les engagements retarde les avancées de la négociation. La confiance est le ciment de la relation. Elle permet de supprimer les doutes et d'avancer dans la négociation.

La confiance que nous avons en l'autre est à construire. Ce n'est pas une donnée fixe mais bien un capital qui peut augmenter ou diminuer en fonction des interactions entre les protagonistes. On peut commencer avec beaucoup de confiance dans la personne et la voir diminuer quand elle change rapidement d'avis, qu'elle est influencée par des facteurs imprévisibles, qu'elle agit de manière contradictoire de ses principes, ou tout simplement expose des demandes impossibles. La confiance peut aussi augmenter envers un protagoniste inconnu au départ, qui avance de manière prévisible ou qui présente des éléments qui font grandir la confiance peu à peu. La confiance est donc absolument nécessaire à un bon déroulé des négociations, elle n'est jamais acquise et elle peut évoluer au cours du temps.

Ce capital confiance est très fragile. A de nombreux moments, nous pouvons nous sentir pris au piège, acculé ou fragilisé par un nouvel argument de l'autre partie. Une des grandes difficultés de la négociation est de faire taire la voix intérieure qui nous dit « et si l'autre essayait de nous voler ?». C'est à dire que dans ce processus à enjeux, la résurgence de la peur est toujours possible. On peut à chaque instant dilapider rapidement le capital-confiance accumulé. Toute manœuvre brusque, échange vif ou argument fallacieux risque d'endommager ce capital confiance. Et au lieu de repartir sur l'autoroute qui mène à un accord global, on reprend l'embranchement du chemin chaotique des petits pas.

Dans le modèle d'un acteur purement rationnel, une proposition est validée quand elle est mesurée, analysée, quantifiée et quand on peut prendre avec elle une décision simple. Je dois acheter un outillage industriel, j'ai reçu deux offres équivalentes : l'une est à 150 K€, l'autre à 120 K€ ; la décision est simple à prendre dans ce modèle microscopique, mais la réalité n'est jamais simple. Même si on imagine deux offres équivalentes, un grand nombre de questions se posent. Ces deux machines vont-elles résister au temps de la même façon, est-ce que les techniciens qui vont les utiliser auront des difficultés imprévisibles avec l'une ou l'autre ? Quelle sera mon image dans l'entreprise quand je dirai que ce sont les meilleurs outils possibles ? Chaque situation génère donc une partie de risque et d'incertitude, du fait que chaque situation est liée à un réseau de significations qui va beaucoup plus loin que le simple énoncé des faits.

En négociation, on échange des choses virtuelles et non pas des biens physiques immédiatement présents sur la table. Dans la plupart des cas, on échange des engagements lors d'un processus verbal. « Si je double mes commandes, vous me donnerez 20% de réduction ». Les deux parties doivent être en confiance pour que cet échange ait lieu. Si chacun reste dans l'hypothèse, on se met à évoquer des choses très abstraites : « Si vous vous engagez à cela, alors je pourrais m'engager à ceci, qui vous permettra de vous engager à tel autre ». Il faut être capable d'une immense capacité d'abstraction pour réussir à tenir sur une série imbriquée d'abstraction. Des négociateurs à la capacité d'abstraction raisonnable auront besoin de considérer comme acquis un certain nombre d'engagements, selon une technique de petit pas. Ce qui est engagé est acquis, on passe à la question suivante. Ces engagements ne sont possibles que par la confiance qu'on a dans le protagoniste en face de soi.

La confiance est donc le matériau de prédilection qui permet à la négociation d'avancer.

Imaginons que nous soyons assis dans une salle de réunion, avec un sentiment de risque déjà présent. Peut-être que la discussion à venir est complexe, peut être que ce bâtiment nous fait sentir légèrement déstabilisé. La porte s'ouvre, un grand gaillard entre, l'air concentré, froid, voire combattant. Quelque chose en nous signale « danger ». Un petit voyant intérieur s'allume et on se prépare au pire. Il va falloir se battre ou fuir. En tout cas la peur est présente avant tout début de discussion. Puis une conversation commence, des échanges se font, on commence à faire connaissance avec cette personne. Un sentiment de proximité avec elle grandit et la peur diminue. On s'échange des amabilités, on parle de la météo, ou de choses personnelles. Le sentiment de danger diminue, une plus grande confiance naît. On entre dans le contenu de la négociation, et la discussion met à jour de nombreux points d'accord et fait comprendre que les divergences sont finalement assez faibles. Le sentiment de risque va diminuer très rapidement.

Dans la négociation, il y a un risque au départ qui peut être ressenti très fortement. Puis ce sentiment de risque diminue quand un lien se crée entre les gens. Chacun sent que les frontières de ce qui va se passer se précisent. On se sent en confiance et la peur diminue. On discute alors des scenarios, des différentes possibilités de trouver un accord. Créer une relation avec les protagonistes permet de faire diminuer le risque perçu et d'augmenter la confiance.

Dale Carnegie affirmait il y a presque cent ans, que pour convaincre, il fallait commencer par parler des petits choses, du quotidien, du golf par exemple, dont on voit une photo sur le mur du bureau de son client. Les américains parlent de « Small talks », et il est absolument d'usage de commencer toute discussion professionnelle par des petits échanges sans importance sur le temps qu'il fait, le sport ou toute actualité légère. On n'entre pas dans une salle de réunion en affirmant sa volonté, ou alors, on ne le fait pas en créant un sentiment de coopération. Créer et développer des sentiments de proximité, de connivence permet de mettre l'esprit dans une humeur de confiance. C'est par là que le sentiment de danger et de risque s'amenuise le plus facilement.

L'homme est un animal social. Pour être ouvert à la relation, pour accepter la présence de l'autre, nous avons besoin de ressentir une connexion. Nous avons besoin d'avoir brisé les barrières, « brisé la glace » dit-on en anglais. Dans la négociation, nous passons par des moments où on écoute l'autre et on accepte ses arguments. C'est-à-dire qu'on accepte d'être influencé par l'autre. Là se cache une question fondamentale : comment et par qui acceptons-nous d'être influencé ? Par exemple, les réseaux sociaux, les forums internet sont remplis de gens qui échangent des opinions sur des sujets divers, mais est-ce que chacun est influencé ? C'est-à-dire, va-t-on changer son fonctionnement, ses décisions, ses actions par des remarques lues sur un site internet ? Non, très peu, à la marge, parce que l'influence s'appuie sur une relation forte et qu'internet est le lieu des relations faibles.

Notre cerveau ne fonctionne pas en mettant d'abord les arguments rationnels et ensuite la relation, mais par l'inverse, c'est à dire qu'on acceptera, qu'on reconnaîtra comme acceptable un argument provenant d'une personne avec laquelle on est en relation forte, plutôt qu'un inconnu qui amène un argument précis.

C'est le phénomène de « liking » que détaille Cialdini dans son essai sur la persuasion. Les réunions d'ami(e)s ou un hôte présente à ses invités des boîtes en plastique alimentaires sont très efficaces. Non pas parce que le vendeur-ami développe des arguments persuasifs incroyables sur ces boîtes en plastique, mais bien parce qu'il fait un appel à la sympathie, à la relation pour les vendre.

Il est très important de noter que nous ne sommes influencés que par des personnes avec lesquelles nous avons une relation de confiance, de proximité, de lien.

Dans un chapitre sur la confiance entre les protagonistes, nous devons évoquer la confiance en soi. Dans le cadre de la négociation, l'aspect le plus essentiel de la confiance en soi, c'est d'être capable de maîtriser l'influence qu'on peut recevoir.

« Ecoutez, j'en ai marre de discuter, soit vous le prenez à ce prix, soit on en reste là ». Souvent les discussions aboutissent à une proposition du type « tout ou rien ». Il faut une bonne dose de confiance en soi pour faire revenir la discussion dans un flux que l'on maitrise : *« Je comprends que vous vouliez conclure, et moi aussi, toutefois il reste un point à discuter ».* Le but du bon négociateur n'est pas d'accepter le cadre que lui fournit l'autre. Répondre *« si c'est tout ou rien, alors ce n'est rien »*, c'est accepter cette alternative. S'opposer, ce n'est pas non plus refuser le cadre *« je refuse de parler sur ce ton »*, c'est placer la discussion hors du cadre de la négociation sur un plan plus personnel. Le négociateur habile a pour but de maintenir la relation pour aboutir à une solution mutuellement acceptable. « Je comprends que vous vouliez conclure, pourtant je suis sûr qu'on peut trouver une solution meilleure » est une bien meilleure réponse. La confiance dans sa capacité à aboutir à cette

solution, quels que soient les obstacles, est une condition nécessaire pour faire avancer et aboutir une discussion à enjeux.

L'autre partie peut, consciemment ou non, utiliser des arguments pour induire un état de peur et pour déstabiliser. Le négociateur excellent devra savoir résister à cette pression. Résister ne veut pas dire s'opposer. Résister, c'est refuser d'entrer dans le cadre proposé et à continuer à discuter, à travailler, à creuser, à proposer, pour aboutir à une solution fructueuse.

Dans toutes les situations de manipulation, on essaie de déstabiliser l'autre partie. Il est tellement tentant de créer des tensions, de jouer au « tout ou rien », de tenter ces techniques manipulatoires, qu'il faut absolument savoir s'en prémunir.

La confiance en soi permet de s'adapter à toute situation de ce type. En effet, le négociateur devra distinguer dans l'ensemble des propositions qui lui sont faites, celles qui sont valables de celles qui ne le sont pas. « Ce n'est pas négociable » dira un protagoniste, alors qu'évidemment, cela peut être négocié. Comment arriver à saisir un message caché, comment arriver à faire la différence entre un message direct et un message caché ? La seule solution est de se décentrer, d'être concentré non pas sur soi, mais sur l'autre partie. Et pour cela avoir un bon niveau de confiance en soi.

Un bon manipulateur sent les faiblesses de la personne qui est en face de lui, ses contradictions, ses attentes, et il joue de ces peurs pour aboutir à ce qu'il veut. Résister à la manipulation, c'est ne pas exposer ses peurs et ses faiblesses. C'est être concentré non pas sur soi et ses manques mais sur la relation. Il faut un bon degré de confiance en soi pour être capable de se décentrer. Un protagoniste avec une faible confiance en lui va accepter les doutes que le manipulateur essaie d'instiller, car les paroles du manipulateur vont résonner avec ses doutes. La porte d'entrée du manipulateur est souvent la séduction, il s'adresse à notre besoin d'ego d'être apprécié et reconnu, et il se sert de cette porte pour commencer ses manœuvres. Seul un négociateur avec un ego bien enfoui au fond d'une poche et une bonne confiance en lui sera capable de résister à la manœuvre de séduction pour rester concentré sur ses objectifs.

Le premier point est qu'il n'y pas de recette miracle pour augmenter sa confiance en soi. Les livres de psychologie pratique restent remplis de conseils toutefois. Ce qu'on peut en retenir, c'est d'abord que la confiance grandit dans l'usage et le temps. Seule l'expérience permet de l'augmenter. Il faut donc négocier tout le temps pour améliorer ses négociations. Fermons ce livre et allons négocier avec nos voisins, nos collègues, nos amis !

Le deuxième point est que la confiance en soi ne se développe pas en soi comme une plantation de haricots qui grandissent seuls après être plantés ; il faut se confronter aux autres. Animal social avant tout, l'humain a besoin d'interactions positives. C'est dans ces rapports positifs avec autrui que se nourrit la machine positive qui est en nous et nous donne confiance.

Le troisième point est que l'introspection permet le changement. La méditation et l'introspection font partie des exercices spirituels de toute religion et philosophie depuis des millénaires. On peut changer sa façon d'être et son rapport au monde par l'introspection et la méditation. Dans le domaine de la négociation, le meilleur conseil est de toujours prendre le temps de faire un bilan. Qu'est-ce qui a marché ? Qu'est-ce qui est déficient ? Pour quelles raisons ai-je dit cela ? La préparation puis le debriefing, sont des outils permettant d'augmenter la confiance en soi, nécessaire au bon déroulé des négociations.

Lors des phases de discussion de la négociation, je vais chercher à influencer l'autre. L'objectif est de peser sur les arguments, de recadrer des propositions, de rendre crédibles mes propres propositions. Je veux faire changer d'avis l'autre, en l'influençant par ma parole.

Influencer les autres est de plus en plus difficile. On vit dans un monde où l'influence est partout, le marketing et la publicité nous entourent et nous promettent des rêves agréables mais qu'on sait surévalués. Le public est averti, chacun se méfie des messages d'influence qu'il reçoit. Il ne suffit plus, comme le dit Dale Carnegie en 1930, d'être sympathique et de bien présenter ses arguments pour influencer.

Le théorème fondamental de l'influence, c'est que l'on est influencé par quelqu'un dont on a d'abord accepté l'influence. Ce ne sont pas les arguments qui convainquent, ce n'est pas la qualité de mes arguments qui va me rendre persuasif. C'est la création d'un climat propice qui va faire accepter mon influence. Je dois faire accepter mon droit à exercer une influence sur l'autre. Seulement ensuite, mes arguments convaincront.

Le cas des sectes est très intéressant. Le gourou convainc ses troupes d'absorber sa vision du monde. Et ces personnes acceptent de prendre pour eux des idées qui paraissent totalement irrationnells aux gens extérieurs. Pour arriver à cet état, les sectes s'appuient sur plusieurs choses : ils prennent évidemment des gens très fragiles et ils élaborent des techniques de destruction de la volonté et de l'esprit critique. Mais ce qu'il est intéressant de noter, c'est que l'influence que le gourou a sur ses suiveurs ne dépend pas de la pertinence de ses arguments. La secte établit d'abord un terrain psychologique avant de convaincre les suiveurs d'absorber sa doxa irrationnelle.

Bien en deçà de cet exemple extrême, notre esprit n'accepte d'être influencé que par des personnes que nous avons acceptées comme « influenceurs ». Le négociateur doit donc s'assurer que son influence sera acceptée avant de lister les arguments. C'est là tout le rôle de l'autorité. Le bonimenteur de foire aura toute une liste d'arguments pour s'assurer de l'autorité et de la légitimité de ce qu'il dit : « *mon produit est reconnu par des gens connus, tous les clients sont satisfaits, il vient de New York, on en parle à la télé, il est recommandé par les stars* », bref, il doit d'abord convaincre qu'il peut convaincre. Ensuite il expliquera pourquoi ce qu'il vend est formidablement utile.

Faire accepter en premier lieu sa capacité d'influence est essentielle. Notre légitimé à influencer est rendu possible par une posture d'autorité : « *Je sais, j'affirme* ». Mais c'est aussi par la confiance, par une relation de proximité et de connivence qu'on arrive à réduire les résistances, accélérer l'influence et par là même maîtriser les négociations. Le vendeur de tapis du bazar obtient davantage de résultat que le cow-boy du duel, parce qu'il a créé une relation de proximité plutôt qu'une relation d'affrontement.

La négociation avance donc par une série d'engagements successifs des protagonistes. Ces engagements réduisent la zone d'incertitude. Ces engagements créent un sentiment de confiance qui permet d'avancer. Le négociateur excellent devra donc guider la relation pour se trouver entre les deux parois que sont la peur et la confiance. En s'assurant qu'il a créé et développé une relation avec la personne en face.

Besoins psychologiques

Le couple peur/confiance est le principal moteur émotionnel qui est à l'œuvre dans les négociations, mais ce n'est évidemment pas le seul. Comprendre les déterminations émotionnelles est essentiel pour mieux maîtriser le processus de négociation. Il faut donc comprendre les autres émotions ou besoins psychologiques qui jouent un rôle important.

L'étude des facteurs de motivation nous apprend beaucoup sur le fonctionnement des acteurs de la négociation. Fisher & Ury [2] présente cinq besoins fondamentaux présents dans ces relations interpersonnelles : être reconnu, se sentir accepté et valorisé, se sentir en sécurité, faire valoir son ego, se sentir faire partie d'un groupe. Ce cadre est intéressant, il s'appuie sur l'étude des déterminants de la motivation professionnelle.

Personne ne vient nu, naïf, innocent dans une négociation. Les besoins psychologiques des protagonistes jouent un rôle déterminant sur leurs interactions. Chacun va rechercher à être reconnu comme important, à être accepté, à se sentir désiré ou valorisé. Evidemment le modèle de l'acteur rationnel exclut ces dimensions et nous pousse à nous tenir dépassionné et froid. Mais les moments de tension et de difficultés au cours de la négociation vont faire ressurgir ces besoins de manière forte et destructrice, si on ne les prend pas en compte.

Besoin de reconnaissance

Le besoin de reconnaissance personnel est un facteur de motivation essentiel. Chaque individu a besoin de se sentir reconnu,

---

[2] Getting to Yes, comment réussir une négociation, Penguin, 1981

valorisé par ses pairs. L'homme en tant qu'animal social recherche intensément sa place dans la société des hommes. La reconnaissance de son existence, de son importance, agit comme une motivation essentielle.

Au cours d'une réunion avec son prospect, Yann, un commercial en instrument de mesure physique, a vu son client passer 45 minutes de cette réunion à parler de la conférence scientifique à laquelle il avait assisté. Et toutes les choses très importantes qu'il avait apprises, et tous les gens importants à qui il avait parlé. Yann écoutait religieusement son client, *« ah d'accord, c'est intéressant »* Et ça devait l'être, en partie. Juste avant de partir, en retard, à un rendez-vous suivant, le client dit *« quant à votre instrument, je passe la commande ce soir »*. Ecouter 45 minutes d'un discours plus ou moins intéressant, c'est peu cher payé pour une commande d'un instrument scientifique de plusieurs centaines de milliers d'euros.

Stuart Diamond[3] nous propose d'échanger des besoins d'ego contre des avantages, de donner des tributs émotionnels. Ainsi, si les gens sont prêts à vous donner 10% de réduction pour que vous leur disiez que ce sont eux les gens importants, alors faites-le ! Mettez votre ego dans votre poche, flattez, vous en sortirez plus riche.

Lors d'une négociation salariale, Patricia voulait obtenir une augmentation. Son manager en revanche essayait d'échapper à la négociation, dans la plainte *« c'est difficile de repartir la somme des augmentations »*, *« si seulement la direction générale me donnait plus »*. La stratégie est de donner au départ des tributs émotionnels en

---

[3] Stuart Diamond, Getting More, Penguin books, 2011

recadrant la discussion « *tu es quand même capable de prendre ces décisions tout seul* », « *as-tu la liberté de choix de distribuer cette enveloppe dans ton équipe ?* » En amenant des questions qui rassurent lce besoin de reconnaissance, on peut orienter la discussion vers une zone d'accord.

Nous pouvons aussi être victime de nos propres besoins psychologiques. C'est d'ailleurs une question essentielle dans les négociations de salaire, on désire une somme qui nous fait paraitre important. Le négociateur excellent essaiera donc de se tenir dépassionné, c'est-à-dire d'abord de ne pas se trouver conduit par ses besoins psychologiques. On peut s'entrainer en pratiquant un certain recul, en se répétant : « *je suis là pour discuter du prix, mais je ne suis pas défini personnellement par le résultat.* », « *cette personne est froide, distante alors que j'aimerais qu'elle soit amicale, mais je me concentre sur l'enjeu de la négociation* ». La préparation est utile pour faire taire ses propres besoins psychologiques, pour ne pas investir d'autres enjeux personnels que les avantages pratiques qu'on veut en retirer. Nous avons besoin d'être reconnu comme important par les autres. Mais ce besoin doit-il diriger la négociation ? Combien de vendeurs passent du temps à nous expliquer qu'ils sont importants, plutôt que s'intéresser à nos besoins ?

Imaginons deux personnes dont les voitures seraient entrées en collision à un carrefour. Elles sortent de leur voiture et discutent sur le trottoir :

- C'est vous qui avez grillé un stop.
- Non, c'est vous qui étiez arrêté.
- Non, vous n'avez pas suivi la règle du stop.
- Vous étiez arrêtés, donc je suis passé.

Cet échange d'arguments peut durer pendant une heure.

Le but de chacun est de se faire reconnaître dans la légitimité de ses revendications. Chacun recherche une déculpabilisation de la situation désagréable *« ce n'est pas moi qui suis responsable, et je vais essayer de vous en convaincre »*. Ce n'est pas une négociation, parce qu'il n'y a pas de recherche de solution, il y a juste une recherche d'ego, dans un besoin confus de reconnaissance de sa légitimité.

En négociation, on peut rester bloqué aussi sur ces sujets là, dans un ping-pong de discussions du type « je ne suis pas celui que vous croyez », « mais je ne crois rien, c'est vous qui faites une erreur », etc. Dans l'exemple de l'accident de voiture, un bon négociateur aurait pu dire « vous avez tout à fait raison, j'ai fait une erreur, est-ce que vous reconnaissez que les dommages sur votre voiture sont extrêmement minimes ? ». L'objectif d'une négociation est de faire avancer la discussion vers un échange d'engagement réciproque, sur l'objet de la négociation. Si pour arriver à cet engagement, il faut dire à l'autre de dix façons différentes qu'il est quelqu'un d'important, que ses revendications sont valides, que son point de vue est important, considérons que c'est un prix faible.

Mécanisme d'identification

Le mécanisme psychologique d'identification est très important à comprendre. C'est une règle fondamentale : on ne donne quelque chose qu'à celui qu'on reconnait proche de soi. On a des difficultés à donner 1€ à la personne haranguant la foule dans un métro avec un discours misérabiliste appris par cœur, mais on donnerait sans réfléchir 1000€ à son meilleur ami dans la difficulté.

L'enfant grandit par identification, il imite, il fait comme ses parents. L'enfant dans son apprentissage veut fondamentalement faire comme ceux qu'il voit autour de lui. Il s'identifie pour exister. Freud parlait d'une petite fille qui contractait la toux de sa mère en disant *« j'ai la même toux que ma mère, donc je suis comme elle »*. Carnegie nous décrit qu'il vendait ses produits à ses clients en leur *disant « je suis comme vous »*. Les séducteurs usent aussi de ce mécanisme : *« toi et moi, nous sommes pareils »* car c'est terriblement attirant.

L'inconnu créé la peur, le connu crée la confiance. On ne donne qu'à ses amis, qu'à ceux qu'on reconnaît sien, dans sa vie, dans sa tribu, dans son intimité. La négociation est fondamentalement un échange de biens ou de services, de valeurs différentes pour chacun. A un moment dans une négociation, on fait des échanges. *« Je vous donne 4% de réduction contre 5% en plus de volume d'achat »*. Le moment de l'échange est un moment de don. Prendre ce que l'autre partie vous offre, c'est facile, mais donner ce qu'on possède et qu'on voudrait conserver est toujours difficile. Donner est toujours difficile, sauf si ce don est fait à quelqu'un de proche. Le sentiment de proximité, obtenu par identification, est une condition essentielle d'un échange facilité.

Pour faciliter les processus de négociation, il faut donc créer ce sentiment de proximité. Des ouvrages parlent d'imiter la gestuelle de vos interlocuteurs pour qu'ils se sentent plus proches, de faire le miroir. Mais c'est un jeu un peu simpliste que nous déconseillons. L'imitation et la volonté de manipuler est l'exact inverse de ce qu'il faut faire. Nos interlocuteurs ne sont pas idiots et s'ils se rendent compte de ces tactiques, et la plupart le feront, ils ressentiront alors une très grande distance, la relation repartira alors 100 kilomètres en arrière.

Pour créer une relation, il faut en avoir envie. Le négociateur excellent s'intéresse naturellement à la personne en face, pose des questions, essaie de comprendre les tenants et les aboutissants des états de la personne. Cette attitude est encore plus gagnante si elle est teintée d'un peu d'empathie, à la fois dans les mots exprimés « je comprends ce que vous ressentez » et de similitude émotionnelle : enjoué et plein d'humour avec une personne extravertie ou plus distant et concentré, face à un profil plus concentré. On doit s'accorder à l'autre sans l'imiter, dans un but conscient et affirmé de mieux le comprendre en se rapprochant.

Les jeux d'ego

Un des perturbateurs les plus fréquents qu'on voit en négociation sont les jeux d'ego. Les humains passent des heures et des heures à faire des choses pour mettre leur ego en avant. Ils travaillent d'arrache-pied pour se payer une voiture tape-à-l'œil, ils se disputent avec tous leurs amis et leurs proches pour prouver qu'ils ont raison, ils coupent court à des conversations pour expliquer que - eux - savent. Affirmer son ego semble être le déterminant le plus important d'explication des comportements étranges dans notre société consumériste.

Les jeux d'ego peuvent perturber plus sérieusement un processus de négociation. Les jeux de pouvoir, nous le verrons, sont le lot de nombreuses négociations. Toutes les discussions ne sont pas faites entre gentlemen dans un club feutré de personnes bienveillantes. Des négociateurs ironiques, agressifs, provocateurs, manipulateurs sont présents tous les jours dans les négociations.

La peur de négocier pousse les mauvais penchants à se réveiller. Pour beaucoup, il vaut mieux être agressif que de donner à l'autre un pouvoir d'agir sur soi. Et on voit des négociateurs jouer de la colère pour essayer d'obtenir quelque chose de l'autre. En fait, être en colère, être ironique, c'est une manière d'échapper aux termes du débat. Le négociateur excellent saura qu'il faut ramener à toute force la négociation vers des rivages plus fraternels. Dénoncer gentiment, ne jamais se laisser influencer par les sautes d'humeur de la personne en face, ne jamais accepter les menaces comme autre chose qu'un mouvement d'humeur.

Le message d'un commercial est fondamentalement *« Nous allons échanger votre argent contre mon produit »*. Celui qui refuse le cadre de la discussion va se situer dans une menace *« si vous ne prenez pas ce que je propose, cela ira mal pour vous »*. Par-là on essaie de créer un nouveau cadre, celui de la menace, du tout ou rien. C'est très fréquent. Le négociateur excellent n'accepte un cadre de négociation que s'il est bénéfique pour lui. Et il passe beaucoup de temps à rassurer, désengager, désescalader les émotions, c'est-à-dire créer les conditions d'un nouveau cadre et tenter de créer une relation de confiance.

En conclusion, la situation émotionnelle des parties est un déterminant essentiel du déroulé des négociations. L'envie d'aboutir est le moteur, la peur est le frein et la confiance est le carburant d'une négociation aboutie. Connaître ces déterminants permet de maîtriser les négociations.

Les réflexes cognitifs et sociaux

Notre cerveau est la plus complexe des machines de l'univers connu. Avec 100 milliards de neurones, capables chacun de se connecter chacun à 10 000 autres, le nombre de connexions possibles est absolument immense. De ces connexions naissent, sans doute, nos capacités à raisonner, analyser, comparer, juger le pour et le contre et décider. D'autre part, notre cerveau est le siège de nos émotions, de la peur, de la confiance en l'autre, de nos représentations et de nos besoins.

A la septième semaine de grossesse, le cerveau apparaît chez l'embryon. Dès le début, des connexions se créent. Par l'effet du hasard, ou du programme génétique, notre cerveau acquiert des capacités incroyables par l'interconnexion de ces neurones. Par exemple, notre cerveau est capable avec très peu d'entrainement de faire le lien entre des images de la rétine, la distance entre les objets, des sons pour appréhender le réel et permet au tout jeune enfant de saisir dans la main un objet proche. Il faut des millions de lignes de code informatique pour arriver à créer ces mêmes fonctions simples pour un robot. Avant et après la naissance, des connexions se créent en permanence entre neurones. Certaines fonctions du cerveau resteront fixes et déterminées à vie, comme la capacité à déclencher des respirations régulièrement et inconsciemment, ou celles de fuir lorsque des sons brusques se font entendre. D'autres fonctions peuvent être apprises, comme celle de la gestion de mouvement dans le tennis ou le piano. Dans l'enfance, nous acquérons des réflexes importants pour toute notre vie. Et notamment dans le domaine des émotions. La psychanalyse nous a montré depuis un siècle comment les échanges émotionnels vécus dans l'enfance peuvent déterminer la psyché d'une personne pour toute sa vie.

Nous acquérons donc des réflexes, des comportements inconscients lors des phases précoces de développement du cerveau. Certains vont rester coller dans notre psychisme. Ils vont guider nos comportements. D'autre peuvent être appris ou corrigés. Ce qui est important de comprendre est que ces réflexes, ces raccourcis que notre cerveau a construits, jouent un rôle important dans les négociations. Les comprendre, les analyser et s'entraîner à les maîtriser permet donc de mieux contrôler les négociations et d'améliorer ses capacités.

Autorité et position sociale

Un des réflexes les plus puissants dans notre cerveau est celui qui nous lie aux autres à travers des relations sociales. Nous sommes des animaux sociaux liés par l'émotion, l'affection à nos contemporains. L'homme vit en groupes sociaux. Des règles régissent les comportements en groupe et une des principales à étudier en négociation est liée à la question de l'autorité.

En 1960, le psychologue américain Stanley Milgram réalisa une expérience de psychologie sociale fondamentale – et très connue. Pour résumer simplement, on a fait croire à des personnes cobayes qu'elles participaient à une expérience pour mesurer le lien entre apprentissage et mémoire. Ces personnes devaient envoyer des décharges électriques croissantes à des « élèves », en réalité des comédiens, en fonction de leurs erreurs à un apprentissage. L'élève réagissait de plus en plus fortement à ces décharges (qui étaient fictives). Le cobaye infligeait donc, de son point de vue, des douleurs de plus en plus grandes à l'élève. Un expérimentateur était présent au côté du cobaye et lui demandait très simplement de continuer à augmenter les décharges, avec des mots simples d'autorité.

Ces expériences et d'autres similaires ensuite, ont montré que des individus normaux sont capables de faire quelque chose de cruel, contraire à leur morale, dans une situation où une autorité leur impose un comportement.

Robert Cialdini ne nous dit pas autre chose quand il parle du rôle de l'autorité dans l'influence entre individus. Une blouse blanche, un air autoritaire et nous acceptons des ordres d'action sur notre santé, sans remettre en cause la légitimité de celui qui nous ordonne.

L'obéissance à l'autorité est un réflexe très puissant de notre psychisme. Face à une démonstration d'autorité, nous avons tendance à obéir. Quelle que soit la demande, une partie de nous-même, en face d'une situation où nous reconnaissons une autorité, va chercher à obéir. On obéit avant de penser, on obéit à l'ordre donné, quel qu'il soit, s'il émane d'une autorité que nous reconnaissons comme forte.

Nous sommes des animaux sociaux qui avons des réflexes de comportement largement inconscients. Notre psychisme, dans toute interaction humaine, va essayer de définir inconsciemment notre position sociale. Entre deux personnes se crée un rapport social de l'ordre de l'autorité avant d'être dans la coopération. Notre cerveau a besoin de savoir qui est le chef, qui est celui qui décide et qui est celui qui suit. Une fois que le rapport est établi, la relation d'autorité est claire. Le canal d'influence est choisi.

Evidemment c'est un processus dynamique, les rapports d'autorité ne sont jamais fixes. L'autorité est questionnée en permanence. Devant une démonstration forte d'autorité, nous nous demanderons « *Pourquoi devrais-je obéir ?* » C'est la question de l'adolescent qui n'accepte plus l'autorité de ses parents, car il se met à penser par lui-même et à déterminer ce qu'il veut sans accepter des réponses toutes faites. Nous avons une propension permanente à obéir à l'autorité, et ce réflexe joue un grand rôle dans les négociations.

Les hommes ont donc construit des processus sociaux pour régler les questions d'autorité. Les entreprises, les organisations sociales fonctionnent avec des règles, comme les règlements intérieurs, les normes, ou simplement les hiérarchies. Ces règles définissent les rapports d'autorité. Une partie de ces règles est claire, écrite, partagée et une partie est implicite, appartient à la culture. On sait que c'est le directeur qui décide, ou bien le conseil d'administration d'une association, avec son président. La plupart des entreprises sont organisées de manière pyramidale, avec des étages de hiérarchie.

Ces organisations sont en recherche d'efficacité. Le bon fonctionnement d'une entreprise est réglé sur le fait que toutes les décisions ne peuvent pas être négociées et qu'il faut soumettre les désirs et volontés de chacun à une décision unique et organisée. C'est la base des organisations fondées sur l'autorité. Il existe des entreprises sans hiérarchie, mais elles sont limitées à des secteurs particuliers et fondent leur processus décisionnel face à une autre autorité, généralement les clients.

Nos organisations humaines fonctionnent donc sur l'autorité. La plupart du temps cela est intégré et une partie des discussions dans les groupes sociaux est de savoir qui décide et jusqu'où. Quel est mon degré de liberté ? Jusqu'à quel point puis-je agir de mon libre arbitre et ou dois-je demander une autorisation ? Si vous allez dans une administration et que vous essayez de négocier quelque chose, très rapidement vous entendrez *« cela dépasse mon autorité », « je dois voir avec mon responsable »*.

La place de l'autorité dans une organisation est souvent assez claire. Elle laisse des latitudes aux acteurs, mais les soumets à des règles plus ou moins précises sur leur capacité de décision personnelle. Les règles d'autorité permettent donc de définir comment le processus décisionnel s'effectue.

L'autorité est une présence nécessaire dans la maturation des êtres humains. Un enfant a besoin d'être cadré, qu'on lui apprenne ce qui est possible ou pas : oui jouer dans un square est possible, non jouer sur la chaussée n'est pas possible. L'autorité qu'on applique à l'enfant lui permet d'apprendre à distinguer ce qui est possible de ce qui ne l'est pas. Il apprend ce qui relève de sa liberté, comme choisir entre balançoire ou toboggan, de ce qui contraint sa liberté par des règles autoritaires fortes (on ne joue pas sur la route, on ne joue pas avec des fils électriques), ou faibles (on ne mange pas avec ses doigts). L'autorité est un outil pour canaliser notre part de liberté.

Adulte, nous sommes face à un monde complexe, difficile, parfois dangereux. Les règles qui régissent ce monde sont à la fois très nombreuses, très subtiles et très complexes. Nos désirs, notre volonté, mais aussi nos peurs se confrontent à la multiplicité des possibles et des règles. L'autorité acceptée devient alors extrêmement utile pour simplifier notre rapport au monde. Celui qui détient l'autorité nous aide à définir ce qui est possible. C'est sans doute une des raisons principales qui nous fait accepter l'autorité. Elle permet de structurer notre rapport au monde, de distinguer ce qui est possible, de ce qui ne l'est pas, de définir et d'accepter notre place dans le monde.

Et c'est bien ce réflexe qui entre en jeu dans les négociations. L'autorité me permet de savoir ce que je peux négocier de ce que je ne peux pas. L'autorité définit le champ des possibles.

La négociation n'est jamais la manière la plus simple et la plus directe d'obtenir ce qu'on veut. C'est l'autorité qui règle la plupart des rapports humains et chacun a le réflexe d'essayer d'éviter de négocier en essayant d'invoquer l'autorité. Je veux obtenir quelque chose, je le demande, je le réclame, je l'exige.

Pour éviter de négocier, il est donc souvent préférable de faire un appel à l'autorité. *« Je veux que tu fasses ceci car je suis ton père, un policier, ton manager »*. Quelqu'un qui détient une autorité formelle peut imposer sa volonté sans avoir besoin de l'expliquer, de la négocier. Dans le réseau complexe des relations sociales, certains ont le droit d'imposer une décision. Ils s'appuient sur une position formelle, une place dans notre représentation sociale pour affirmer leur pouvoir d'obtenir ce qui est demandé sans discussion. Dans la sphère privée, le réflexe existe « je suis ton père et je te demande d'éteindre la télévision ». Dans l'entreprise, c'est évident, le manager est investi d'un pouvoir de décision et peut l'imposer plus ou moins directement. L'autorité s'oppose dans ce sens à la négociation.

La négociation est complexe, risquée, difficile. Il faut discuter, donner des concessions, se mettre à la place de l'autre, influencer, prouver sa propre valeur. On obtient beaucoup plus facilement ce que l'on veut par l'autorité. Le recours à l'autorité est plus rapide, plus efficace que la discussion. Même si toute autorité est interrogeable, le principe du recours à l'autorité pour obtenir ce qu'on veut est un réflexe profondément ancré en nous.

La négociation est un processus qui agit aux limites de l'autorité. L'autorité est tellement au cœur de nos cerveaux humains, un réflexe si puissant qu'elle est souvent la première façon de régler les relations humaines et on se met à négocier quand cette relation d'autorité ne fonctionne pas, ou qu'on soupçonne qu'elle ne fonctionnera pas.

L'appel à l'autorité est constant dans nos rapports quotidiens. Car elle permet de faire agir notre volonté, d'obtenir que nos désirs immédiats soient satisfaits, sans avoir à convaincre, influencer ou tout simplement négocier.

Dans une dynamique relationnelle, quand une difficulté arrive, le recours à l'autorité est souvent utilisé pour couper court aux discussions trop longues, *« bon sur ce point, je suis expert et je vous dis que c'est comme cela »*. *« Non, je ne parlerai pas d'augmentation au-delà de 1.5% cette année, je suis ton manager et je te demande de sortir de mon bureau »*. À tout moment dans une négociation, un réflexe d'autorité peut émerger et la négociation s'interrompt, s'arrête. Le règlement du différend passe alors par l'autorité, qui impose sa solution.

Dans les négociations, le recours à l'autorité arrive aussi pour avoir de l'influence sur l'autre sans en laisser sur soi. *« Je ne veux pas qu'on parle de ce point »*, *« Taisez-vous, c'est moi qui décide »*. On use d'autorité au sein de la négociation pour couper court aux discussions, pour essayer de ne pas négocier et pour imposer son point de vue.

Bien négocier, c'est à la fois jouer de l'autorité pour imposer un certain nombre de choses, et établir des relations en dehors des contraintes de l'autorité. Une grande partie des difficultés de négociations se situe au niveau de ce jeu entre délibération et autorité. Pour améliorer nos capacités de négociateur, il est essentiel de comprendre ce jeu, ce dialogue entre autorité et négociation.

L'autorité et la négociation sont deux facettes du rapport à l'autre. On peut les voir comme deux manières opposées de régler les rapports entre les gens, mais dans la plupart des cas, ces deux visages ne s'opposent pas, ils sont mêlés.

L'autorité va définir ce qui est négociable et ce qui ne l'est pas. Les protagonistes n'ont pas les coudées franches, ils ont des bornes plus ou moins précises où ils peuvent agir, mais ils n'ont pas « l'autorité » de faire tout ce qu'ils veulent. L'autorité va donc définir le champ des possibles de la négociation. Nous négocions dans la bulle qui échappe aux jeux d'autorité. Les négociateurs viennent à la table de la négociation avec un mandat, une possibilité d'agir qui est définit par une puissance autoritaire qui n'est pas à cette table de négociation et qui impose son cadre. Un vendeur va représenter son entreprise, un avocat son client, un membre d'un syndicat va représenter tous ses adhérents. Ainsi un commercial à qui un acheteur demandera de baisser son prix, demandera à se référer à une autorité. *« Je dois demander à mon manager »,* qui a l'autorité de pouvoir accorder plus de remises, ou d'autres avantages.

D'autre part, si chaque petit bout d'argument, de faits, de paroles doit être remis en cause, la discussion ne peut pas avancer. Les protagonistes sont conscients de ce risque et acceptent, certaines propositions de l'autre partie. C'est-à-dire que ces propositions sont acceptées comme valables, leur contenu est autoritairement accepté. « Nos délais de livraison ne peuvent être inférieur à 20 jours », « la montagne, c'est impossible cet été, je veux absolument voir la mer », « 2% d'augmentation, mais c'est le grand maximum cette année », « le personnel n'acceptera pas la remise en cause de cet avantage de l'accord syndical ». Donc l'autorité fait partie de la négociation et définit même le contenu de la négociation. Le négociateur avisé cherchera d'ailleurs à comprendre rapidement quel est le cadre de la négociation, si le jeu est-il ouvert, ou s'il est fermé et jusqu'où cette barrière peut être élargie. C'est tout l'enjeu des discussions.

Face à un blocage, une difficulté dans la négociation, le réflexe d'autorité revient et prend les commandes de la relation. *« Vous m'énervez, nous n'avançons pas et je vous demande de faire ceci »*. Souvent cela fonctionne, l'autorité est acceptée et la discussion continue. Mais en même temps, l'autorité peut être perçue comme un passage en force, comme une tactique au sein de la négociation, elle sera alors niée, refoulée et on risque le blocage.

Dans le fond, il faut toujours se méfier des passages en force, des arguments d'autorité, des effets de manche. Leur action s'appuie sur un manque de confiance en soi des deux côtés. La peur de ne pas y arriver et la peur de ne pas pouvoir négocier laisse l'autorité commander. Si un protagoniste fait preuve d'autorité, seule notre peur de celle-ci, notre peur du contenu de la menace et de notre habitude d'obéir, va nous faire accepter cette réaction autoritaire. Or si nous sommes en négociation, c'est bien parce que la réaction autoritaire n'est pas possible ou souhaitable. L'autorité est toujours questionnable et l'accepter n'est qu'une possibilité de réaction parmi d'autre.

L'autorité, ce réflexe d'ordonner, est toujours présent dans les négociations ; sa place précise reste à définir pendant les discussions. Tout est toujours ouvert face à une déclaration d'autorité, qu'elle soit celle de l'expert ou celle du militaire habitué à commander.

Il faut donc savoir quand user de l'autorité et quand accepter celle de l'autre. L'autorité, c'est « tu n'as pas le choix, tu obéis », la négociation c'est « discutons ensemble d'une solution commune ».

Au cours d'une négociation, je fais des propositions, elles doivent être crédibles. Dans ce cas, le fameux argument d'autorité est utilisé fréquemment. « C'est exactement le produit préféré par la star bidule », « tous les experts le recommandent, cela fait 20 ans que je suis dans le métier et je vous assure que c'est comme cela qu'il faut faire. » Cet argument d'autorité a une force importante, il s'imprime facilement dans l'esprit de celui qui le reçoit et il va peser dans la balance entre le pour et le contre que l'argumentation essaie de faire pencher d'un côté.

Une négociation explore le champ des possibles, on discute des opportunités, on élabore des scénarios. Ce champ peut être immense. Il est toujours bon de le circonscrire, de le limiter. Pour cela, des références extérieures comme celles amenées par un argument d'autorité permettent de limiter ce champ et de se concentrer sur l'exploration du possible dans ce champ.

C'est le rôle des standards externes. Pour limiter le champ des possibles et fixer la discussion autour de mesures quantitatives, le négociateur excellent utilisera des standards. *« On ne donne jamais plus de 5% d'augmentation salariale dans cette entreprise »*, *« dans cette industrie, on paye les factures à 3 mois »*. Ces standards sont reçus de manière autoritaire, ils s'imposent aux protagonistes comme une ancre inamovible qui fixe les limites de qui est discutable. Mais parfois ces standards sont des points fixes qu'on peut remettre en cause. Nous y reviendrons.

L'usage d'un argument d'autorité peut aussi conduire à un blocage. Cet argument limite le champ des discussions, mais c'est justement hors de cette limite que le bon compromis pourrait être trouvé. Imaginons qu'on me dise, *« c'est non négociable, c'est comme ça et pas autrement »,* alors qu'à ce moment-là, mon objectif est dans ce qui vient d'être énoncé comme non-négociable. Il me faudra donc contourner cet obstacle. Mais sans capacité à lever cet obstacle, nous sommes bloqués. Je veux quelque chose que l'autre annonce impossible, avec une forte autorité. User d'autorité est une source de blocage très fréquente.

Evidemment le recours à l'autorité pose la question de la réaction. Le principe d'Archimède appliquée aux relations humaines est que si je pousse trop fort, j'aurais une réaction inverse, voire une attaque. Si je présente une série d'arguments, tous basés sur l'autorité, *« c'est comme cela, c'est le standard ici, on a toujours fait comme cela, etc.. »*, en fait, j'essaye de passer en force. Je ne cherche plus à créer une relation et à trouver un arrangement mutuel, mais je cherche à imposer. Mal présentés, ces arguments d'autorité seront perçus comme une attaque. Donc faire appel un peu trop à l'autorité créé les conditions d'une dégradation de la relation, elle risque de créer des barrières et bloquer la négociation.

Si les jeux d'autorité sont trop poussés, on rentre dans le domaine de l'intimidation et de déstabilisation, on tombe du côté des jeux de pouvoirs. Nous verrons comment repérer et résister aux jeux de pouvoirs.

Bien négocier, c'est donc éviter le recours à l'autorité forte, tout en la laissant prendre une place qui permette d'avancer. Il faut utiliser les standards pour circonscrire le champ des possibles, tout en évitant de tout bloquer.

Les biais intellectuels

Notre monde vit dans un déluge d'informations : email, web, discussions, publicité, notre cerveau urbain doit traiter de grandes quantités d'informations, de natures très différentes. Dans une négociation, de nombreuses informations s'entrechoquent dans notre conscience : la stratégie des protagonistes, nos données, nos objectifs, les arguments, les postures de chacun.

Lorsque l'on veut maîtriser absolument tous les aspects d'une négociation, on est évidemment débordé par l'intégralité des informations nécessaires pour décrire parfaitement la situation. Imaginer pouvoir gérer totalement cet ensemble d'informations pendant toutes les phases de la négociation est un pari perdu d'avance. Heureusement, notre cerveau a des routines pour éviter la surchauffe. Nous sommes capables de nous concentrer sur ce qui fait sens, d'oublier rapidement ce qui n'est pas important. Notre cerveau élimine automatiquement les informations qui ne sont pas importantes : je ne me souviens pas de la note de restaurant de la semaine dernière, sauf si elle était spéciale, ou que j'y accorde un intérêt particulier comme si j'en dois la moitié à un collègue.

Ces routines de mémorisation ou d'oubli prennent naissance dans notre représentation du monde : ce qui est retenu ou oublié n'est ni conscient, ni le fait du hasard. Nous oublions des informations qui nous arrivent selon des biais plus ou moins adaptés à la situation.

Un de ces biais est que notre cerveau a tendance à ne conserver que les informations qui renforcent les représentations passées. Quelqu'un qui a d'énormes doutes sur ses propres capacités va sélectionner des idées qui renforcent ce point de vue malheureux. Quelqu'un qui a cru que le produit en question était bien moins cher ne cherchera que des raisons de faire baisser le prix et oubliera les autres dimensions de la négociation d'achat. *« Serez-vous capable de nous livrer à temps ? »* demande un client pendant la négociation d'un tarif. Si son entreprise a eu des retards de livraison depuis six mois, la première pensée du commercial sera de dire *« cela va être difficile »*, sans s'assurer que les problèmes de livraison aient été résolus. Cette personne introduit un biais fort dans sa représentation des possibles, du seul fait d'une information invérifiable.

Chaque protagoniste est donc susceptible d'être influencé par des biais inconscients. On peut rater complètement une négociation uniquement par ses propres limites, ses propres biais. La bonne nouvelle est qu'on peut imaginer améliorer ses négociations en maitrisant ces biais chez soi et en maîtrisant ceux qui apparaissent chez les autres.

Une des erreurs les plus courantes que l'on rencontre chez des négociateurs expérimentés est l'idée que « j'ai toutes les informations ». Cette idée est porteuse d'un biais énorme, qui va pousser l'acteur à négliger de nouvelles informations que l'autre partie va amener pendant les discussions d'ouverture de la négociation. On passe facilement de « j'ai toutes les informations » à « ce qu'il dit maintenant n'est pas important ». Et pourtant ce qui est important n'est que très rarement précédé des mots *« je vais vous dire maintenant ce qui a le plus d'importance pour moi »*. Maitriser l'information, être capable d'intégrer l'information nouvelle au fil des discussions est pourtant un trait de caractère essentiel des négociateurs excellents.

Pourquoi croire qu'on a *« toutes les informations »* ? En fait, le besoin est de se rassurer. Le sentiment de contrôler ce moment délicat et complexe d'une négociation est si tentant. Me répéter *« J'ai toutes les informations »* me permet d'évacuer l'anxiété, d'avoir un sentiment de contrôle et de me donner confiance. Et pourtant, je n'ai jamais, évidemment, toutes les informations. Et c'est bien pour cela qu'il faut discuter avec ses protagonistes et explorer le champ des représentations de l'autre.

C'est toute l'ambiguïté des préparations. Il faut bien sur préparer ses négociations : rassembler le plus possible d'information et imaginer toutes les situations qui en découle. Mais une préparation très longue fait porter un risque, celui de croire que j'ai toutes les informations et que je peux négliger d'écouter ce qui arrive pendant les discussions.

D'autre biais psychologiques sont à l'œuvre au sein des négociations. Ils peuvent être inconscients et les protagonistes sont leur propre victime, mais ils peuvent aussi être des tactiques mises en œuvre dans le cadre de jeux de pouvoir, nous le verrons. Le négociateur excellent sera conscient de ses biais pour éviter d'être trop facilement influencé et pour élargir sa capacité à gérer une relation.

Un des biais intellectuels les plus connus est le système d'ancrage. Quand on parle de chiffres et que personne ne sait vraiment ou on veut arriver, il y a une prime à celui qui lance la première ancre, qui amène le premier chiffre sur la table. L'esprit humain fait tourner dans sa conscience un tas d'idées, mais qui n'arrivent pas à se focaliser sur une idée précise. C'est le rôle de l'ancre, qu'on jette et autour de laquelle vont s'agréger les différents paramètres de la négociation. Le standard externe ou l'habitude est l'ancre la plus classique. *« Est-ce que cela se fait ailleurs ? »* est une question qu'on entends souvent en négociation commerciale. Elle signifie *« je n'ai aucune capacité de juger que ce que vous venez de dire est réaliste, j'ai besoin d'une ancre pour savoir si je peux accepter cette proposition »*. C'est une ancre qui fait référence à l'autorité. Sans avoir une idée de la validité ou non d'une proposition, vous l'accepterez si elle vous est présentée comme une ancre de référence. « Monsieur, c'est le prix habituel dans cette industrie ». Dans le domaine des cabinets de recrutement, on entend souvent *« Notre proposition salariale pour votre embauche, ce sera votre salaire actuel augmenté de quinze pourcents. »* Pourquoi quinze pourcents et pas douze ou seize ? Personne ne sait, c'est l'habitude.

D'autres biais sont aussi classiques, comme penser que le passé prédit toujours l'avenir, ce qui amène régulièrement des krachs boursiers, l'inférence d'une validité universelle d'un échantillon non-représentatif, ou dans un autre domaine, les biais convoyés par le langage et les références culturelles.

Cet ouvrage n'a pas pour objectif de lister les erreurs de raisonnement et les biais intellectuels, mais on pourra citer :

- La généralisation abusive : « tous les produits de cette marque sont mauvais »
- Les biais logiques : « 100% des gagnants ont tenté leur chance »
- L'analogie douteuse : « vous doutez de ma thèse comme Galilée et pourtant il avait raison »
- Les faux raisonnements : « ceux qui ne sont pas avec nous, sont contre nous »

Des ouvrages très détaillés ont étudié tous ces biais de raisonnement. Leur étude est passionnante !

Pour améliorer ses capacités de négociation, les protagonistes doivent garder en tête que les biais de raisonnement risquent toujours d'être présents. La plupart sont invisibles et inconscients. Il ne faut donc jamais accorder une confiance absolue dans notre capacité à proposer les meilleures solutions immédiatement. Prendre du temps, décaler des négociations, passer du temps hors de la table de la négociation pour évaluer ou imaginer d'autres scénarios est un meilleur guide que celui qui voudrait aller vite et boucler rapidement un dossier complexe. On surestime toujours sa propre capacité à gérer les afflux d'informations et à réfléchir correctement sous la pression. On sous-estime toujours notre résistance à des biais évidents de raisonnement.

Bien sûr, tous ces biais peuvent être utilisés consciemment de manière manipulatoire. Les raccourcis, les slogans, les amalgames, c'est le jeu de la politique. Essayer de couper court au temps pour éviter à l'autre d'évaluer en profondeur les propositions, établir des raccourcis entre des notions différentes pour rendre confus, ce sont des procédés manipulatoires. Répétons que la manipulation permet de gagner à court terme et perdre à moyen terme, elle est à déconseiller au maximum.

Face à des jeux manipulatoires, le négociateur devra sortir du cadre. Renvoyer l'autre partie en s'opposant à ces jeux manipulatoires n'est pas utile, car on leur donne de l'importance et on les légitime.

Notre cerveau apprécie, éprouve du plaisir face à une complexité, une idée qui surgit et qui permet de résumer facilement cette complexité. C'est tout l'avantage des paraboles, des images. Essayer d'influencer en faisant des comparaisons est une façon très classique. *« Mon produit vous rendra heureux comme quand vous revenez de vacances »*. Cela m'étonnerait qu'il me laisse des souvenirs de randonnées en montagne et de pique-nique au reblochon, mais l'image peut être convaincante. S'appuyer sur des images pour convaincre est souvent très utile. Toutefois, le négociateur excellent doit être conscient de la limite. Cela peut créer des biais et enfermer les raisonnements dans la limite de cette image.

Les biais sont partout et ils sont cachés. Il faut être confiant en soi mais méfiant de ses propres raisonnements, surtout quand ils semblent faciles. Une négociation ne doit jamais aller trop vite.

La machine à anticiper

Une des caractéristiques les plus fascinantes du cerveau humain est sa capacité d'anticipation. Dans toute situation, des routines inconscientes pose la question « que va-t-il se passer ensuite ? ». Nous nous projetons dans l'avenir et nous nous imaginons dans cette nouvelle situation ; nous évaluons, consciemment ou non l'intérêt de cette nouvelle situation.

Nos ancêtres primates suivaient ainsi les troupeaux de proies en essayant d'anticiper les mouvements du troupeau. La sélection naturelle a-t-elle permis au cerveau humain d'améliorer ses capacités d'anticipation ? Un jeune enfant qui hurle pour obtenir un biscuit, un jouet, un tour de manège, n'a pas de possibilité forte d'anticiper. Les parents lui répète *« tu joueras plus tard, là, il faut partir à l'école »*. Ils l'entrainent à accepter la frustration immédiate en entraînant sa capacité d'anticipation. Elle est embryonnaire dans les premières années de vie et elle se développe avec la maturité.

En négociation, cette capacité formidable nous permet d'établir des scénarios et de valider. C'est un des outils majeurs de la négociation. Lorsque les bases ont été établies, la négociation va tourner autour des scénarios. *« Si je vous donne ceci, est-ce que vous me donnez cela ? »* La machine à anticiper de nos cerveaux imagine la nouvelle solution, l'évalue, essaie de la faire correspondre à un système de signification avant d'émettre une opinion.

Cette machine formidable peut s'emballer ou partir dans une direction stérile.

Ainsi, lors des préparations à la négociation, nous allons essayer de comprendre la position de l'autre partie : *« que veut-elle, de quoi a-t-elle besoin, quels sont les risques dont nous avons à discuter avec elle, les opportunités ? »* Dans cette préparation, on essaie ensuite d'anticiper les réactions de l'autre *« quand je vais lui présenter ce scénario, il va sans doute ne pas l'accepter »*. En suivant cette route, nous risquons d'essayer de deviner les états émotionnels de l'autre *« ils vont réagir avec colère à cette proposition »*. C'est un risque, car nous pouvons dériver vers une boucle d'auto-renforcement émotionnel. *« Je crois que l'autre va vouloir me voler. Je ne vois d'ailleurs que les signes de sa volonté de me nuire »*. La peur s'auto-entretient et le négociateur risque d'être débordé par sa peur.

L'anticipation des réactions de l'autre peut faire prendre des positions contraires à son propre intérêt, et nous risquons de ne pas être conscient de cette situation.

La négociation excellente doit être menée par étape, on doit être concentré sur le processus d'élaboration d'un accord et ne pas se laisser déborder par sa capacité à anticiper les idées, les mouvements de l'autre partie. Grâce à la préparation, on se concentre sur la dynamique relationnelle, la recherche d'informations et la recherche d'accord lors des phases de discussion lors des phases de discussion. On évite de se laisser entrainer par sa capacité d'anticipation mal placée.

Face à une autre partie qui communique mal, qui est bloquée, qui refuse les compromis, on peut soupçonner aussi que l'autre partie soit victime de ce syndrome de l'anticipation maladive. Peut-être est-elle persuadée que je suis déjà en train de la manipuler ? Il faut bâtir la confiance. L'anticipation maladive grandit dans les recoins du manque de confiance. Une pensée automatique peut suivre un tel chemin *« si l'autre me dit cela, alors cela veut dire qu'il va me demander ceci après, et donc il va chercher à obtenir quelque chose et ce sera terrible »*. L'anticipation maladive, complétement tournée vers soi, est bloquante.

La machine à anticiper est également le terreau de la manipulation. *« Si vous faîtes cela, alors les conséquences seront terribles »,* dira le manipulateur. Son but est de nous déstabiliser, de nous faire changer d'opinion, ou de nous faire agir dans un certain sens en nous faisant anticiper les conséquences négatives de l'alternative qu'il nous propose.

Résister aux tentatives de manipulation, c'est ne pas accepter ce cadre et relativiser toutes les conséquences négatives relatives à un propos. Un négociateur excellent sait que tout scénario n'est qu'une hypothèse, qu'une construction de l'esprit. Il n'y rien de certain, de mécanique. Si l'autre partie vous entraîne dans un raisonnement de certitude « si vous n'acceptez pas mes conditions, les conséquences seront terribles », vous devez interroger le lien de conséquence, en pensant *« est-ce vraiment certain ? »*. Préparer sa négociation est essentielle, croire qu'on a préparé tous les scénarios possibles est une illusion. La résolution d'une négociation n'est jamais écrite, la dynamique peut aboutir à des résultats imprévisibles et positifs.

Le besoin de consistance

Un autre aspect passionnant de la psyché humaine et qui joue un rôle très important dans les négociations est le besoin de consistance que notre cerveau génère.

Notre cerveau essaie en permanence de retrouver de la cohérence, du suivi dans nos réactions aux choses. Le possible est multiple, les idées s'enchaînent parfois dans notre cerveau avec beaucoup de complexité ; Nous éprouvons tous le besoin de nous raccrocher à quelque chose de certain. Notre cerveau n'a pas une représentation fixe du réel, comme une carte gravée dans la pierre. Notre cerveau reconstruit en permanence une représentation de la réalité en mélangeant la mémoire à court terme (ce qui vient de se passer), la mémoire à long terme (ce que m'a appris la vie) et l'affect, l'émotionnel. Cette reconstruction s'appuie sur un principe né dans nos neurones, qui est la recherche de cohérence permanente.

Par exemple, si j'ai annoncé la veille une réduction de 10% à un client, il est très difficile de revenir dessus. En effet, on va me renvoyer cette donnée et mon réflexe sera de trouver une justification à cette incohérence. Le besoin de consistance est une force extrêmement puissante. On peut bloquer des cerveaux très puissants par ce mécanisme. La technique de l'hypnose repose fortement sur ce mécanisme psychique. Se concentrer sur un bruit, une parole, un objet précis et provoquer une incohérence intellectuelle entraine le cerveau dans cet état si particulier qu'est l'état hypnotique.

Dans des jeux d'influence manipulatoire, la recherche des incohérences de l'autre partie pour déstabiliser est un grand classique. On laisse parler la personne, on pose des questions, on pousse un peu jusqu'à obtenir une proposition incohérente. En la relevant, on brise la machine à évaluer, le cerveau du manipulé se met à chercher une cohérence et perd sa résistance à l'influence. Le manipulateur reprendra la main et pourra imposer sa vision à un cerveau confus devant sa propre incohérence.

Ce qu'il justifie qu'il faille être très attentif aux engagements que l'on prend. Il y a une différence essentielle entre évoquer des scénarios et prendre un engagement. Le scenario reste dans l'hypothèse « si je fais ceci, vous ferez cela », l'engagement est bien plus précis. On peut chercher à déstabiliser l'autre par ses engagements, pas par les scénarios. L'hypothèse n'a pas besoin d'être cohérente, elle est encore dans l'air mais l'engagement, lui, engage, forcément. Retarder ses engagements est une règle simple, mais très importante à suivre dès que le moindre soupçon de confusion pointe son nez.

Notre superbe machine cérébrale est donc capable des plus belles choses : imagination, créativité, émotions, relations humaines. En négociation, ces belles choses entrent en jeu mais la machine cérébrale peut s'emballer et faire dériver le processus d'accord. Comprendre ces réflexes permet de les maîtriser et éviter qu'ils ne dirigent la négociation.

Les dynamiques relationnelles

Les individus viennent à la table de négociation avec leur personnalité, leurs besoins et leurs réflexes. Ils se mettent ensuite à interagir et des dynamiques sociales et émotionnelles se créent. Nous allons étudier les mécanismes principaux de ces dynamiques pour comprendre le rôle qu'elle joue dans le déroulement d'une négociation, afin de mieux maîtriser et de diriger ces négociations. Ces dynamiques sont pour la plupart inconscientes, mais on peut les décrire, les comprendre afin d'améliorer ses capacités d'action.

L'influence réciproque

La première dynamique à étudier est l'influence que chacun essaie d'avoir sur l'autre. Dans une négociation, j'essaie de convaincre l'autre partie de la justesse de mes vues, de la valeur de mon produit, de ma difficulté à rendre un projet à l'heure, de mon besoin justifié d'obtenir une augmentation. Le protagoniste en face accepte ou refuse cette influence.

La négociation n'est pas juste un exposé des désirs et situations de chacun, où on couperait la poire en deux, une fois exposées les intérêts des deux parties. La négociation passe forcément par un changement de représentation des idées des protagonistes. Car si l'on tombe rapidement d'accord sur les termes d'un échange, ce n'est pas une négociation mais c'est une discussion rapide. Une négociation a lieu quand les protagonistes sont en désaccord sur les termes de l'échange. Ils sont en désaccord sur l'analyse des faits ou de la situation.

« Vous me dites que votre produit n'est pas cher, car son prix d'achat est bas, moi je trouve qu'il est cher, car sa maintenance va être très onéreuse. »

« Tu me dis qu'il te faut augmenter ton équipe d'ingénieur pour finir le projet dans le temps imparti, moi je pense qu'il faut changer les méthodes de travail, sans augmenter les ressources. »

« Vous pensez que ce contrat va entraîner des obligations futures, alors que moi j'interprète cette clause comme un simple rappel classique des principes sans conséquences. »

« Tu me dis que grâce à ce weekend à la mer, on va se retrouver ensemble et moi je sais que tu ne penseras qu'à faire de la planche à voile. »

Globalement, durant la négociation, chacun va essayer de faire changer d'avis l'autre partie sur ce qu'elle peut obtenir ou vouloir. Les protagonistes viennent à la table avec une vision du monde, ce qu'ils peuvent obtenir, donner et vouloir. Et c'est rarement compatible, donc il y a un mouvement de chacune des parties pour s'accorder sur les désirs de l'autre. Il peut être équivalent, ce qui est idéal, mais n'est jamais ressenti comme équivalent. Recevoir une concession, un engagement est ressenti comme un gain, comme une victoire. Notre esprit accumulateur et compétitif adore obtenir quelque chose. Donner une concession, un engagement ou une partie de son offre est ressenti comme une perte, une dépossession, une amputation.

Les protagonistes ont toutefois chacun une volonté d'aboutir et ils vont entamer ce mouvement d'avancée dans la négociation en échangeant. Cette volonté d'aboutir est aussi basée par la peur de ne pas obtenir ce qui est voulu. Dans l'esprit du négociateur il y a un double mouvement de peur de perdre et de volonté d'obtenir.

Avant même de parler de concession, les protagonistes doivent faire un mouvement personnel pour accepter des choses qu'ils ne voulaient pas au départ, faire des concessions au-delà de leur zone de confort. Pour cela, ils sont soumis à l'influence de l'autre. « J'écoute ses arguments, même si je ne me laisse pas influencer, je viens en négociation avec la possibilité de comprendre l'autre partie », l'influence est donc rendue possible par cette volonté contradictoire. En discussion avec l'autre, je me mets en toute conscience dans une situation d'être influencé. Je me place en situation d'être influencé pour pouvoir faire avancer la négociation, guidé par ma volonté d'aboutir.

Evidemment, je suis aussi en situation d'influencer. Je viens en négociation avec ma liste d'arguments, plus ou moins rationnels et clairs et j'essaie de faire valoir ma position, mes intérêts, mes idées, ma vision des choses.

Les parties sont donc dans un échange d'influence, une ouverture et capacité réciproque d'agir sur l'autre, sans lesquels la négociation ne peut aboutir.

La partie rationnelle de l'influence est largement exposée dans de nombreux ouvrages : comment présenter une argumentation, comment construire un raisonnement ? Il est intéressant ici de comprendre comment l'influence émotionnelle agit sur les parties et sur la dynamique de la négociation afin de mieux maîtriser notre capacité à agir sur ces négociations.

Influencer, c'est amener la personne en face à changer sa perception, ses représentations d'une situation. On influence quelqu'un en s'adressant à la fois à son esprit rationnel et émotionnel.

Rationnellement, on amène des faits, des données et on explique leur sens dans le contexte pour essayer de faire changer la représentation de ce dont on parle. La vision simplissime serait « Mon produit vaut 50€, ses concurrents valent 60€, donc mon produit est moins cher ». Faire changer d'avis, c'est changer le réseau de signification d'un fait qu'on pointe du doigt. C'est expliquer, détailler un contexte différent, c'est aussi faire imaginer les avantages de cette nouvelle situation, les avantages rationnels et émotionnels de ce qu'on présente. *« Mon produit est au même prix que mes concurrents, pourtant ils n'ont pas la même valeur »,* dira le commercial qui essaie d'influencer son client. Il essaie de faire changer la perception de son client pensant « tous ces produits ont le même prix, ils se valent tous ».

Pour convaincre, il faut aussi faire baisser le risque de changer, de faire baisser la « facture du changement ». Changer pour un esprit demande de l'énergie. C'est une consommation d'énergie psychique. Changer est donc sinon pénible, du moins quelque chose qu'on évite, sauf pour une motivation supérieure. Pour influencer, il faut rassurer, donner confiance, montrer le coût bas du changement.

Nous avons une pensée équilibrée sur un sujet précis : la valeur d'un produit, le temps nécessaire au projet, les standards de rémunération à ce poste. L'autre partie amène une proposition, cela change cet équilibre. Notre réflexe est d'évaluer cette proposition : est-elle valable, est-ce qu'elle fait sens ? Notre cerveau va essayer de faire entrer cette proposition dans un réseau de significations et de ressentis. *« Cher client, votre machine industrielle a un bon rendement, est-ce vous seriez intéressé par l'augmenter de 20% ?»* Dans l'esprit du client, cette proposition est évaluée : est-ce intéressant, possible, rentable, etc ? Chaque proposition passe par un réseau de signification, si elle est simple, elle est acceptée rapidement, si elle dérange trop, les arguments d'opposition deviennent rapidement conscients. *« Ce n'est pas possible, cela sera trop cher, ça prendra trop de temps, etc. ».* L'influence n'est pas un choix, nous sommes influencés en permanence par les messages qui nous arrivent. Le contexte de ces messages va déterminer la facilité à convaincre ou être convaincu.

Notre cerveau va facilement accepter toute proposition simple, qui fait sens avec notre représentation du monde, qui est cohérente. *« Voulez-vous améliorer le rendement de votre machine ? »*, oui bien sûr. *« Voulez-vous une réduction de prix »,* oui bien sûr. C'est une vieille technique de vente que de faire dire des « oui » à son prospect pour le mettre dans une disposition positive d'acceptation.

Ce qui est essentiel de comprendre est que ce mécanisme n'est pas totalement rationnel. Une proposition est surtout évaluée dans un contexte social, relationnel, de signification. C'est parce que j'ai une relation avec cette personne que je vais accepter son argument, au détriment parfois même du sens logique. C'est parce qu'elle fait sens avec ma vision du monde que j'accepte cette proposition.

Si dans une secte, on est capable d'accepter des idées qui paraissent folles à la majorité des gens, ce n'est pas parce que la personne de la secte est d'abord convaincue par la véracité de l'interprétation du monde, mais parce que l'attachement à la secte est plus important que la logique et la véracité de ce qui y est professé.

Une secte délivre également une représentation congruente du monde. Tout y est explicable, tout argument critique reçoit une explication logique dans le système de représentation. Et cela convainc tous les adeptes, même si penser qu'untel est envoyé par des extraterrestres reste ridicule pour toute personne en dehors de la secte.

Nous sommes donc capables d'accepter un argument plus par ses conséquences dans notre représentation du monde que par sa logique propre.

L'influence, c'est cette capacité que nous avons de faire bouger les représentations mentales, de faire accepter une proposition en maîtrisant l'environnement de cette proposition, ses représentations, son réseau de signification. C'est une capacité essentielle en négociation. La plupart des gens ont une action inconsciente de leur capacité d'influence. Mais nous pouvons l'analyser pour améliorer notre pratique.

Les protagonistes arrivent en négociation avec leurs situations émotionnelles, leurs attentes, désirs et peurs. Ils possèdent leurs réflexes, leurs façons d'agir, parfois de façon imprévisible pour l'autre partie et parfois avec une logique qu'on peut comprendre.

Les gens raisonnables ont souvent des avis balancés sur les choses. *« Faut-il augmenter les déficits publics de l'Etat ? »* Oui et non, on pourrait écrire un rapport de 300 pages argumentées sur la question. *« Faut-il acheter une nouvelle machine industrielle pour augmenter le rendement de notre chaine de production ? »* Oui et non, on pourrait faire une analyse LEAN poussé pour saisir le point. *« Faut-il passer le weekend à la campagne ou aller voir la dernière exposition de peinture ? »* Oui et non, discutons-en 5 minutes. Les avis sont balancés, à l'équilibre entre des arguments pour et des arguments contre, plus ou moins forts. Influencer quelqu'un c'est faire pencher cette balance d'un côté, c'est amener l'autre à penser que ce qui est proposé est possible, intéressant, attirant. Que l'équilibre peut être déplacé et retrouvé pour un avantage plus grand.

L'influence n'est pas un choix. Nous sommes des animaux sociaux en influence réciproque. Dès que nous sommes en contact les uns avec les autres, nous nous influençons et nous sommes influencés, consciemment ou non, de manière légère ou importante. L'absence d'influence est impossible.

L'influence est partout et immédiate. Un dirigeant influence dès qu'il rentre dans une pièce. Armé de son autorité, il va projeter des attentes autour de lui. Ou plutôt, ceux qui ont accepté son autorité vont essayer de deviner ses attentes pour s'y conformer. *« Qu'est-ce qu'il veut, qu'est-ce qu'il attend, a-t-il l'air triste, en colère, qu'attends-t-il de moi ? »* Ces interrogations sont souvent inconscientes dans l'esprit de ceux qui regardent leur leader, mais elles sont présentes. C'est-à-dire que ces personnes sont prêtes à être influencées. Leur acceptation de l'autorité les met en situation d'être influencé.

D'une autre manière, quand je me demande quels habits mettre le matin, je suis sous une certaine forme d'influence. *« A quoi vais-je ressembler ? »* « *Quelle image vais-je donner de moi aujourd'hui* « et surtout *« que vont faire les autres ? »* Je ne peux pas m'habiller en costume formel quand tout le monde est en jean et polo, et réciproquement. Je me dois d'être conforme aux règles du groupe, je suis influencé par ce groupe. J'accepte de soumettre une partie de ma liberté d'action à des règles du groupe auquel je veux appartenir. Que ces règles soient implicites ou clairement évoquées, ces règles ont une influence sur mes choix. C'est bien le besoin d'appartenance qui est le moteur de l'influence. : j'accepte d'être influencé car mon besoin principal est d'appartenir au groupe.

Influencer les autres, c'est obligatoire et c'est souvent inconscient. Ainsi notre attitude ou notre façon d'agir va influencer l'autre partie. Une personne en colère, sèche ou dure va, par son attitude, changer la façon de faire de l'autre partie. Cela peut être conscient et faire partie d'une stratégie, ou bien inconscient et guidé par des représentations mentales, du type *« pour gagner il faut être fort »*.

La bonne nouvelle est qu'on peut agir sur l'état de l'autre. En gardant une attitude précise, on va amener l'autre à adopter cette même attitude par recherche de sympathie et de mimétisme. La contagion émotionnelle est un phénomène universel.

Pour convaincre, il faut aider l'autre à franchir le fossé qu'il y a entre sa représentation des choses, et ce qu'on veut qu'il pense ou éprouve. Cette représentation est à la fois dans un certain état d'équilibre et porteur de sa propre confusion. A l'équilibre, parce que nous dépensons tous une énergie psychique importante à chercher notre cohérence. En confusion, car nos désirs, nos pensées, nos représentations sont souvent contradictoires.

Pour aider l'autre à franchir la différence, on va réduire les barrières, réduire la « machine à critique ». Dans une discussion pour convaincre, on assiste à un dialogue ou la personne va articuler ses résistances et l'autre va rassurer et convaincre que l'expression de ses résistances (de ses peurs) peut être réduite, jusqu'à ce que l'adhésion l'emporte, c'est-à-dire qu'on se rend aux arguments de quelqu'un, on a épuisé ses résistances et le chemin logique présenté par l'autre a supprimé les peurs et emporté les désirs.

- Le meilleur moyen d'aller à Rome serait de prendre le train
- Oui, mais c'est long, je préférerais prendre l'avion
- Tu sais que c'est cher, au-delà de notre budget à ces dates
- On pourrait y aller en voiture
- Oui, mais le budget essence serait trop important et tu sais qu'on a décidé de ne plus conduire aussi longtemps
- Bon d'accord, prenons le train

On ne convainc pas par la peur, par l'autorité ou par la menace. Le recours à l'autorité crée de l'obéissance, pas de l'adhésion. Cette obéissance est très fugace, la conviction est, elle, bien plus durable. On convainc en établissant une cohérence positive dans la nouvelle représentation que l'on propose. On convainc en présentant un futur positif. On convainc en disant : cette nouvelle représentation du monde est positive, elle correspond à ce que tu es, ce que tu veux, elle facilite la vie.

La conviction passe donc d'abord par la nécessité d'établir un lien de confiance avec son interlocuteur. On n'est influencé uniquement par ceux dont on a accepté l'influence. Puis on est convaincu par les effets positifs imaginés des arguments apportés, dans une congruence des propositions amenées.

L'argument d'autorité, c'est dire : *« croyez-moi, j'ai 15 ans d'expérience, il s'agit du meilleur produit, achetez-le »*. Analyser le pour et le contre de chaque décision serait une dépense psychique trop grande. Il faudrait passer des jours dans les rayons du supermarché - et un doctorat en chimie - pour analyser dans le détail les différences entre toutes ces lessives. Il nous faut donc des raccourcis. La marque, ou son emplacement dans le rayonnage, ou un critère unique – le prix – est une solution simple pour faire un choix. Le meilleur raccourci, le plus efficace, c'est l'argument d'autorité.

Le processus intellectuel, c'est de déléguer à quelqu'un la capacité de choix. « *Je ne sais pas faire le choix, lui, il le sait* » quelle est la meilleure lessive, quel est le meilleur service. On reconnaît à une personne une expertise, une connaissance, une expérience que nous n'avons pas et qui est déterminante pour le choix. On reconnaît une autorité à quelqu'un et on se fie aux choix de cette autorité. Emotionnellement on est aussi attiré par cette autorité, on voudrait partager ses attributs. Si les marques mettent tant de personnes célèbres dans les publicités, c'est d'une part sur l'idée que ces personnes fameuses seraient plus informées que nous, mais surtout qu'on a l'impression de gagner une part de leur aura, en achetant les produits qu'elles vantent.

Je veux acheter quelque chose, mais j'ai des doutes : est-ce cher ? Est-ce intéressant ? Ne vais-je pas pouvoir obtenir mieux demain ? La machine à anticiper, la peur et l'envie s'agitent pour faire entrer l'influencé dans le doute. L'influenceur va essayer de projeter une image de grande certitude, qui va balayer les doutes. L'influence est aussi une question de confiance projetée. Les émotions se transmettant sans l'intermédiaire des mots, la confiance va davantage convaincre l'autre plus que les arguments. La confiance projetée par celui qui veut convaincre va faire reculer les doutes, de manière totalement émotionnelle.

Dans l'argument d'autorité il y a donc à la fois une part de raccourci qu'on donne à une personne qu'on reconnaît plus informée que soi, et une part d'accaparement de ses attributs émotionnels, notamment la confiance qu'elle projette.

Pour convaincre, il faut donc établir cette autorité. Pouvoir dire « j'ai 15 ans d'expérience, donc je sais », sans que cette affirmation puisse être rejeté. En même temps, il faut projeter une image de confiance, qui va emporter l'adhésion par contagion émotionnelle et désir d'accaparer cette confiance dans un monde confus.

On pourrait penser qu'influencer quelqu'un, c'est imposer sa volonté, c'est être plus fort que lui. Or les choses sont plus subtiles que cela. Effectivement influencer passe par réduire l'esprit critique, l'esprit de résistance. Abattre cette opposition peut passer par un jeu de pouvoir.

L'esprit critique s'allume dès qu'on essaie d'influencer. L'influence n'est pas un choix, mais la psyché humaine possède sa résistance à toutes ces influences. On peut l'appeler « esprit critique ». A toute proposition qui dérange un équilibre complexe, on va opposer des tas de raisons de ne pas accepter, pour ne pas remettre en cause cet équilibre, source de dépense d'énergie psychique.

L'esprit critique s'accroche sur la moindre aspérité et y trouve de quoi s'enraciner. C'est pourquoi certains recommandent de ne jamais montrer de faiblesse.

On influence d'autant mieux quelqu'un si l'on a une relation avec cette personne, si l'on a construit un réseau de confiance, si l'on a réussi à vaincre l'esprit critique. La première chose à faire, c'est donc de créer et de nourrir la relation. Il faut poser des questions, s'intéresser sincèrement à l'autre, se mettre à sa place et se situer dans une attitude d'égal à égal, respectueux et collaboratif.

Il faut ensuite comprendre l'état émotionnel de l'autre partie. Quels sont ses enjeux personnels, quels sont ses besoins, quels sont ses peurs et les risques ressentis ? La plupart des gens les expriment facilement lorsqu'on les interroge ou le font comprendre. Une intelligence émotionnelle normale nous permettra de comprendre l'attitude de la personne et de s'adapter.

Convaincre, c'est recadrer des éléments factuels dans le sens des besoins de la personne en face, c'est insister sur l'avenir positif de ce nouveau cadre, sur ses conséquences positives. Il faut expliciter, détailler ce nouveau cadre et prouver sa cohérence. Ecouter d'abord, puis parler ensuite, répéter, illustrer et détailler.

On fait alors baisser le risque ressenti et la balance peur / confiance se met à pencher du bon côté. On n'est influencé que par une personne avec laquelle on a une relation de confiance, ou en tous les cas, une relation humaine, avec une certaine proximité, à laquelle on reconnaît le droit de nous influencer. Il faut d'abord briser la glace, passer du stade 'étranger' au stade 'proximité' et le seul outil, c'est la discussion et une attitude d'ouverture à l'autre.

Ensuite on établit sa capacité à influencer. On établit sa crédibilité, par son expertise, par sa position, par l'expression de sa détermination, « je suis sûr que l'outil de découpe de plaque que je vous vends, tiendra ses promesses, je suis sur ce domaine depuis 20 ans, j'ai testé toutes les offres, je connais bien ce type de produit ». Face à cette argumentation, on ne peut qu'accepter l'expertise. La discussion partira sur d'autres sujets.

Il faut aussi exprimer une émotion forte, il faut être convaincu soi-même pour être convaincant, par effet de contagion émotionnelle et effet de soumission « s'il est aussi convaincu, c'est qu'il doit savoir, je me rends à ses arguments ».

Puis il faut toucher le point sensible, qu'on connaît par la proximité qu'on a développé. On trouve les arguments qui seront entendus, car ils résonneront avec les préoccupations de la personne en face, avec laquelle on a une relation de confiance et une autorité prouvée.

Enfin, en détaillant un avenir meilleur, un descriptif des conséquences positives de sa description, on facilite le mouvement d'acceptation de cette nouvelle représentation qu'on propose.

Influencer l'autre est une partie essentielle de la négociation. On fait pencher la balance par des faits, car ils sont irréfutables et on convainc par son émotion, nécessaire pour accompagner le changement.

Echanger est au cœur de la négociation. Une négociation est vécue le plus souvent par les protagonistes comme un jeu d'échanges entre eux : « Je te donne ceci et tu me donnes cela ». L'objectif de la négociation, en tant que processus vécu par les acteurs, est de tomber d'accord sur ce qui est échangé et les conditions de cet échange.

Est-ce que l'échange peut être déséquilibré ? C'est un point de vue. Au fond, il faut un accord, donc un échange déséquilibré pour l'un reste un accord pour quelqu'un d'extérieur « j'accepte de te donner ma fortune, car j'échange ma vie » dit-on au gangster avec un revolver sur la tempe. Est-ce un échange déséquilibré ? On peut être insatisfait des termes de l'accord, mais sur le moment, cela semble le meilleur accord possible. Et la question de la négociation est une question toujours pragmatique. Il ne s'agit jamais de juger si l'accord obtenu est parfait ou à quelle distance il se trouve de la perfection, il s'agit de trouver un accord dans lequel on finit plus riche, plus fort, plus satisfait qu'en l'absence d'accord.

En essayant de négocier une paire de chaussettes gratuites en achetant 3 chemises, le vendeur m'a rétorqué qu'il ne pouvait pas faire ce geste, il n'en avait pas le pouvoir. Est-ce une négociation ratée ? En discutant avec lui, des libertés qu'ont les salariés des grands groupes de commerce de détail, j'ai appris qu'il avait le pouvoir de donner une carte de réduction gratuite, alors qu'elle est affichée payante. Je l'ai prise. Le gain est faible, la négociation est-elle ratée ? Je n'ai pas eu de chaussettes gratuites, donc 'non' ; j'ai trouvé un accord positif, donc 'oui'. Dans le fond, ma poche est légèrement plus pleine qu'au départ, c'est une négociation réussie.

Juger de l'équilibre d'un accord est donc un regard extérieur, qui prends en compte les différentes parties, jauge de l'intérêt de chacun et valide l'équilibre de l'accord selon ses valeurs extérieures. Si j'échange mes vieux disques rayés contre une moto qui fonctionne, est-ce que c'est un accord équilibré ? 'Non' d'un point de vue financier, mais si mes vieux disques rayés vont remplir de bonheur l'ancien motard qui ne peut plus rouler, c'est un accord équilibré. Ce qui est certain, c'est qu'il y a eu un échange satisfaisant pour les deux parties. Ce devrait être le seul critère de valeur du résultat.

Donc la discussion dans une négociation doit aboutir à faire changer les termes premiers de l'échange pour que chacun s'en sente satisfait. Si j'offre une réduction contre une promesse de commandes ultérieures, je suis satisfait, j'ai obtenu quelque chose. L'échange est le cœur de la négociation et la satisfaction mutuelle est l'objectif des discussions. C'est toute l'ambiguïté des objectifs de négociation qu'on se donne a priori, car ils fixent un seul avenir possible et néglige la dynamique de l'échange, nous y reviendrons.

Il reste que la négociation est un processus centré autour de l'échange. On échange des biens matériels, des engagements, ou des clauses juridiques. La négociation est vécue par les protagonistes comme une discussion conduite dans le but de trouver les termes de l'échange.

Comme l'a montré Robert Cialdini, la psychologie de l'échange est un réflexe essentiel de notre cerveau social. Il s'appuie sur le besoin d'égalité. Notre cerveau social est câblé pour la compétition et le jeu de pouvoir : pour déterminer qui est le chef de la meute. Mais nos interactions sociales ont inventé des mécanismes d'équilibre. Il faut contrebalancer le désir de puissance par un désir d'égalité. Les mammifères sociaux partagent la nourriture, ce sont les mammifères solitaires qui se battent jusqu'au bout. Cet esprit d'égalité, de coopération est aussi une composante de notre cerveau social, qui s'oppose à la compétition et au jeu de pouvoir. Cela permet de pouvoir bâtir un groupe social cohérent. Il convient de contrebalancer le pouvoir absolu. *« Je prends tout »,* dit le despote, qu'il soit à la tête d'une monarchie absolue, d'une secte de fanatique ou d'une famille. La dialectique du maître et de l'esclave de Hegel, si elle plus complexe que ce résumé-là, peut être énoncé simplement en disant que le maitre a besoin de l'esclave, non pas seulement matériellement, mais ontologiquement. Il n'y a pas de position de maître s'il n'y a pas un esclave présent. Il y a donc une limite à la domination ou à l'autorité, c'est de pouvoir avoir quelqu'un à qui ordonner. La position d'autorité a besoin d'un récipiendaire, ce besoin est cadré par la règle de l'échange. Au fond, l'autorité n'est acceptable que par des échanges possibles. Le seigneur du royaume au moyen-âge imposait sa volonté car il proposait aussi une protection militaire contre les envahisseurs. Une personne qui n'a pas le choix, qui n'a pas la liberté d'échanger quelque chose est désespérée, elle est prête à tout, elle devient ingérable, dangereuse. La limite de l'autorité est donc dans les degrés de liberté qu'on donne à celui à qui on impose son autorité.

Dans un système hiérarchique, les règles internes indiquent la place de chacun. Nous sommes des animaux sociaux, inscrits dans un groupe. Chez les primates, celui qui se nourrit le premier est le chef. Mais il partage car il a besoin des autres pour se nourrir, chasser et se protéger des prédateurs. La notion d'égalité naît aussi de l'interdépendance des individus. Il faut avoir entendu des enfants ou des adolescents se battre pour savoir si la glace de l'un était aussi grosse que la glace de l'autre pour comprendre la puissance de ce mécanisme de recherche d'égal partage dans le groupe.

Ce besoin d'égalité fait donc naître la notion d'échange. « Si vous obtenez ceci, alors qu'est-ce que j'ai ? ». Seule une situation de très forte autorité autoriserait à ne répondre « rien », en risquant la désespérance, la rébellion ou l'acte erratique. Or la négociation n'est pas une relation d'autorité. L'autre a quelque chose que je veux et que je ne peux pas obtenir en l'exigeant. Seul un mécanisme d'échange réciproque, et égal, me permettra d'obtenir ce que je veux, dans la recherche d'une égalité. La notion d'échange est donc un réflexe puissant de nos cerveaux et qui est en permanence à l'œuvre dans les négociations. On est toujours légitime à demander « qui y a-t-il là-dedans pour moi ? ».

En négociation, on sort de la relation dominé/dominant pour entrer dans une relation entre partenaires, les règles changent, et une règle fondamentale, c'est le donnant/donnant. Les jeux de pouvoir sont d'ailleurs des tentatives de rétablir la relation d'autorité, ou de trouver des biais dans le donnant/donnant pour retourner dans l'autorité.

Dans la vraie vie, les positions entre partenaire et autorité sont souples, dynamiques, interchangeables et surtout entrelacées *« je te donne parce que tu me donnes, mais je préférerai prendre tout, alors j'essaie de prendre plus que ce que je te donne »*.

Le négociateur excellent devra rechercher à établir une balance, un équilibre dans ses propositions. Le négociateur doit parfois articuler et détailler la raison de cet équilibre. *« Je vous donne une chaise contre votre automobile, mais ce n'est pas qu'une chaise, c'est la plus belle chaise du monde parce que … »*. *« La clause que vous rajoutez dans ce contrat va m'obliger à faire ceci et cela, cela va entrainer des frais, il faut donc augmenter le pourcentage de mon gain, dans l'autre clause, pour rétablir l'équilibre »*. L'autre partie ne s'opposera pas au fait que l'équilibre doit être rétabli, car l'échange est une règle fondamentale, mais elle s'opposera à la valeur future perçue des échanges.

La négociation est une discussion ou l'on définit les limites de ce qui possible. Rappeler les principes de l'échange est donc un rappel à l'ordre du franchissement d'une barrière. On peut toujours demander « qu'est-ce que je gagne dans ce vous proposez ». Lorsqu'une des parties est trop concentrée sur ses propres gains pour oublier la nécessaire prise en compte de l'autre partie, elle rappellera ce principe fondamental : *« qui y a-t-il pour moi dans ce vous proposez et trouvez-vous que cet échange soit équitable ? »*

L'équité, c'est-à-dire l'échange de chose égales pour chacun est donc un puissant mécanisme à l'œuvre. Le point important, c'est que l'égalité n'est vécue que par les protagonistes pour leur compte. Et l'objectif de la négociation est bien d'essayer de prendre ce qui est important pour moi en donnant ce qui ne l'est pas. Nous y reviendrons.

Les jeux psychologiques

Dans les années 80, de nouvelles théories de psychologie sociale ont émergé en Californie, c'est l'école dite de Palo Alto, de cette ville de la presqu'île de San Francisco. Elle a bâti des théories d'analyse transactionnelle.

L'analyse transactionnelle s'est notamment basée sur l'idée des états de l'ego à l'œuvre dans les interactions humaines de la vie quotidienne, qu'elle appelle des « transactions ». Pourquoi est-ce que lorsqu'on dit à quelqu'un « cet article est meilleur, mais trop cher pour vous », le client va l'acheter même si c'est au-dessus de son budget. L'état de l'ego « enfant » se dit *« je me fiche des conséquences, je vais lui montrer que je vaux bien ce produit trop cher »*, et guidé par cet état de l'ego, la personne prend une décision étonnante.

Eric Berne, un des fondateurs de l'école de Palo Alto, a ensuite étudié les conversations courantes, du type « ah le prix des légumes a bien augmenté, ma petite dame », ou les discussions autour du temps qu'il fait. Eric Berne montre que ces conversations n'ont pas pour objet d'échanger des informations, mais plutôt d'entretenir des « caresses » sociales, des formes de reconnaissance échangée qui permettent à chacun de se sentir reconnu, accepté, de faire partie d'un réseau de relations.

En allant plus loin, Eric Berne étudie un certain nombre de jeux, c'est-à-dire d'échanges ritualisés, fréquents que les gens déroulent répétitivement. Le premier exemple est le jeu appelé « sans lui ». Dans ce jeu social, une épouse répète à tout son entourage, « ah si mon mari n'était pas là, je pourrais faire ceci ou cela, mais il ne veut pas », et évidemment cette épouse ne fait rien de cette liste de possibilités. Eric Berne analyse finement les avantages psychologiques présents dans ce scénario. Madame évite d'avoir peur en se lançant dans des activités de loisirs, elle évite d'affronter le danger de se trouver seule et dans un environnement inconnu. Monsieur, lui, évite de se retrouver tout seul, d'affronter son angoisse de solitude et d'abandon, et préfère intimer l'ordre à son épouse de rester à la maison, directement ou plus subtilement.

L'analyse d'Éric Berne est passionnante et nous montre que nous sommes les sujets et les victimes de jeux psychologiques entre êtres humains, et que ces jeux dirigent nos conversations et nos attitudes par des bénéfices psychologiques personnels, le plus souvent inconscient.

Stephen Karpman a décrit une matrice tout à fait intéressante plus générale de tous ces jeux : le triangle dramatique Victime-Sauveur-Persécuteur. À chaque pôle de ce triangle, se trouve un rôle. Le Persécuteur libère ses pulsions agressives, domine, critique, harcèle. La Victime est évidemment l'objet de ces critiques et de cette agressivité. Le Sauveur arrive dans le jeu et donne des conseils, aide, se porte volontaire.

On trouve ce triangle en permanence dans le monde du travail. Comme rôle de Persécuteur, on peut imaginer un directeur commercial qui va critiquer son équipe *« je ne trouve que des commerciaux incompétents, ce qui explique les piètres performances de vente ».* La Victime est évidemment le salarié qui reçoit cette critique et se met à culpabiliser *« oui, c'est vrai, je n'y arrive pas, je ne suis peut-être pas fait pour ce métier ».* Le Sauveur arrive : la personne des RH, le consultant *« je vais vous aider à vous en sortir, je vais prendre soin de vous ».*

L'analyse transactionnelle nous éclaire sur les raisons de ces dynamiques. Chaque rôle crée des avantages psychologiques pour celui qui l'incarne. La Victime est évidemment passive, elle n'a pas à se remettre en cause, elle cherche une raison externe à ses difficultés et se réfugie dans des pensées de passivités et de résignations sans se défendre contre des attaques personnelles. Le Persécuteur exerce un contrôle et jouit de ce contrôle qu'il possède sur les autres, il pense en termes de droits, de faire ce qui est juste, ce qui doit être fait, et son avantage est de se conforter dans sa position de dominateur et de sachant. Le Sauveur se sent investi d'une mission, il satisfait son ego à jouer les sauveurs.

Une bonne Victime dira, ou pensera des choses comme *« Après tout ce que j'ai fait pour lui », « je n'ai rien fait pour créer cette situation », « je suis seul au monde », « je suis débordé ».* Le Persécuteur sera dans des pensées du type *« je vais être franc, avec vous », « il faut faire face à la réalité »*

Ces jeux sont pervers car ils ont tendance à se répéter, et à enfermer les gens dans des rôles désagréables, ils ne permettent pas de résoudre une situation de conflit ou de désaccord, mais ils confortent les personnes dans un état fixe, figé, sans autre perspective que de continuer ce jeu pénible.

On ne choisit pas de jouer à ces jeux et il est très difficile de ne pas tomber dedans à un moment ou à un autre, car ils sont extrêmement attractifs par le confort psychologique qu'ils procurent.

Ces jeux proviennent des états psychologiques des protagonistes. Ces jeux résultent de position de vie et d'état de l'ego. Ils se situent à un niveau inconscient. En négociation, les objectifs psychologiques qui y sont attachés viennent en surimpression. Lorsque la relation tombe dans ces jeux, les objectifs inconscients ne consistent plus uniquement de trouver un accord sur des bases rationnelles partagées, mais de rechercher des avantages psychologiques : se rassurer, ne pas affronter la réalité anxiogène, ne pas remettre en cause un équilibre interne. Les négociations courantes se trouvent bloquées dans ce type de situation. Une des parties arrête de chercher un accord et se met à chercher des avantages psychologiques tels que décrits dans l'analyse transactionnelle : se positionner en Victime par exemple.

La négociation est un processus complexe et dangereux, qu'on ne maitrise pas. Il est quand même plus simple de ne pas se mettre d'accord, soit dans une position de Persécuteur *« je leur ai mis la pression, j'ai exigé ce que je voulais et ce sont des nuls »*, soit dans une position de Victime *« c'est leur faute, ils ne voulaient pas trouver d'accord, ils sont durs »*.

Toute personne qui va pousser, exiger, affirmer fortement risque de créer la situation de Victime en face. *« Ce n'est pas moi, je ne peux pas aller plus bas dans les prix, c'est la politique de notre entreprise »*. C'est tout le risque des jeux de pouvoir, des tentatives de manipulation. Penser la négociation comme une activité manipulatoire, c'est vouloir placer l'autre partie dans un rôle de

Victime, où elle sera confortablement installée à ne pas trouver de solution efficace. Jouer au Persécuteur, c'est créer les conditions d'un blocage.

S'enfermer dans un triangle de Karpman est d'autant plus fréquent que les négociateurs ne sont pas des individus totalement autonomes et capables de pure décision personnelle. Ils sont mandatés par une organisation ou un groupe social desquels ils tirent des règles qui sont vécues comme des contraintes *« je voudrais bien être d'accord avec vous, mais les règles de mon entreprise ne me permettent pas d'avancer »*. Se positionner comme Victime est d'autant plus attirant qu'on a le sentiment de ne pas maitriser son mandat de négociant et qu'on se décharge de sa responsabilité, c'est reposant. Et jouer au Persécuteur est tellement valorisant pour les egos dominateurs.

Un jeu psychologique stérile comme le triangle de Karpman peut apparaitre face à une situation de blocage, de difficulté, ou de sentiment de perte de pouvoir ; c'est un refuge commode face à des tensions fortes. Le risque pour le négociateur excellent est donc que la discussion n'avance plus vers la résolution, mais s'enferme en jeu psychologique des parties, sans solution possible. Parce qu'on trouve des difficultés, on va se positionner comme Persécuteur ou Victime, puis on enfonce un peu plus la situation dans un blocage profond. Nous verrons comment en sortir.

Une des postures les plus gênantes en négociation est celle liée à l'évitement. Lorsqu'un protagoniste se réfugie dans une posture d'évitement, botte en touche, évite de répondre et se positionne comme Victime.

La négociation crée des tensions, des difficultés, elle nous place face à un futur qui apparaît comme risqué et les enjeux personnels y sont très importants. La tentation est grande de se positionner comme Victime ou tout simplement de fuir. Henri Labori étudiait le comportement des rats de laboratoire face à une agression. Il n'y a que trois solutions possibles : combattre, fuir ou se soumettre. Henri Laborit dans « l'éloge de la fuite » pensait que la fuite était le comportement le plus salutaire face à un environnement agressif.

La notion de mécanisme de défense a été détaillé par Sigmund Freud et ses disciples. Le psychiatre Alain Braconnier explique les trois grands mécanismes de défense face à l'agression ou la frustration.
Le premier essaie de retourner la souffrance en plaisir, à travers l'humour, la sublimation, l'évasion mentale. La deuxième est celle des mécanismes de défense passive comme la rêverie, la fuite, le refoulement. La troisième : celle des stratégies limites, comme l'acte impulsif, l'agression passive, le déni de réalité.

En négociation, tous ces comportements aboutissent à des situations à somme nulle. Personne ne gagne quoi que ce soit et la négociation échoue. Le négociateur excellent essaiera donc de détecter ces postures psychologiques chez l'autre partie et fera tout pour essayer d'en sortir. Nous verrons comment.

Vous est-il déjà arrivé d'entrer dans une discussion avec des idées claires, vous saviez ce que vous vouliez, vous étiez sûr de votre bon droit, et dans l'échange, vous avez écouté l'autre partie, pesé ses arguments, essayer de comprendre le raisonnement logique à l'œuvre. Au bout d'un moment vous n'étiez plus sûr de vous, vos idées étaient confuses, vous ne saviez plus vraiment ce que vous vouliez. Et la personne en face de vous a fini par vous faire reconnaitre que ce qu'elle voulait était la meilleure chose ? Vous avez été victime d'une manipulation classique.

En négociation, il y a confrontation entre deux besoins différents. Le manipulateur a un objectif très clair : ressentir du pouvoir, se rassurer. Le manipulateur essaie de trouver des cordes sensibles chez l'autre pour faire accepte sa domination. Il est complexe de détecter la manipulation quand on est honnêtement en recherche d'une solution positive.

La littérature autour de la négociation ou des techniques de vente regorge de conseils en manipulation. *« Les 5 trucs qui marchent pour vendre votre projet »*. La manipulation est relativement efficace, c'est pour ça qu'elle perdure. Face à un protagoniste un peu naïf ou bien simplement en recherche d'une relation équilibrée, les tentatives de manipulation peuvent amener une plus-value à court terme.

Mais absolument personne n'apprécie d'être manipulé et tout le monde finit par s'en rendre compte. L'équation de la manipulation est donc claire. C'est un petit gain à court terme contre une lourde perte à long terme. La personne qui se sent manipulé va créer des résistances, des barrières, des contre-pouvoirs qui vont ralentir les négociations futures ou les phases futures. Elle va elle-même entrer en manipulation et la négociation va devenir un jeu pervers.

Le message de ce livre est clair. Il faut éviter de manipuler, il faut éviter de se croire plus malin que l'autre partie, il faut se tenir positif, créateur de solution et imaginer une relation à long terme fructueuse pour les deux parties. Tout autre posture est dommageable à long terme.

Réussir une négociation nécessite donc de se tenir éloigné des jeux psychologiques qui rigidifient les protagonistes, provoquent leurs stratégies d'évitement et les entrainent dans des postures inefficaces.

La première recommandation est de se tenir dépassionné. Il faut investir l'énergie nécessaire à la détermination du résultat tout en évitant d'y jouer tout son être. Se tenir dépassionné, c'est cultiver en soi la bonne distance. Être conscient de ce qui s'y passe, c'est-à-dire avoir une attitude de spectateur et d'observer les mouvements psychologiques des parties, tout en évitant d'être en dehors, passif, détaché des négociations. C'est un état psychologique difficile à obtenir mais qui est le meilleur pour pouvoir réussir ses négociations.

Qu'est-ce qu'une personne « forte » ? Quand dit-on de quelqu'un *« celui-ci ne s'est pas laissé démonter, il est resté fort »* ? C'est quelqu'un qui maitrise son émotion, qui maîtrise sa réaction aux émotions de l'autre. Il ne cède pas à la panique, comme un officier au milieu d'une bataille qui continue à réfléchir rationnellement à la situation sans que son psychisme soit envahi par la peur. Être dépassionné, c'est être fort dans le sens où nous devons conserver une liberté de penser dans la concentration vers ses objectifs. Nous devons cultiver une certaine distance avec les enjeux de la négociation et les réactions de l'autre pour pouvoir continuer à guider la négociation vers sa résolution.

Pour y arriver, il faut être concentré sur ses objectifs, et penser objectif commun. En gros, il faut être concentré sur la question de « comment augmenter la taille du gâteau, ensemble ». Ensuite il faut considérer l'autre comme un partenaire, quelqu'un qui avec qui on va faire des affaires sur le long-terme, et non pas un ennemi qui pénètre sur notre territoire.

Jeux de pouvoirs et manipulation

Maxime entamait un cycle de négociation avec des acheteurs de l'industrie. Tout s'était bien passé pour lui jusqu'à présent, professionnellement. Un nouvel acheteur avait été embauché et Maxime le rencontrait pour la première fois pour parler des prix et des volumes de ses ventes. Il avait tout préparé, il connaissait sa grille de prix, sa marge de négociation, il maîtrisait sa « Batna » (meilleure alternative en cas de non-accord). Il était ouvert et prêt à discuter. Pourtant tout s'est passé très difficilement. Le nouvel acheteur l'a fait attendre une heure, lui a coupé la parole tout le temps, l'a menacé à plusieurs reprises de finir la réunion de façon abrupte. Maxime a résisté et a essayé de rester professionnel. Mais au bout de trente minutes, il a commencé à argumenter point par point, de manière de plus en plus émotionnelle. Il a attaqué l'acheteur, lui a expliqué que lui avait trente ans d'expérience, qu'il ne se laisserait pas faire, etc. Les deux protagonistes se sont séparés sans accord, plutôt en colère, chacun persuadé qu'ils ont eu raison d'avoir agi comme cela et sans aucune solution.

Cette négociation s'est déroulée dans un climat émotionnel tendu, c'est évident. Cette négociation aurait-elle pu se passer autrement ? Une description académique des négociations en tant que jeu d'acteurs rationnels suffirait-elle à amener une solution ?

Comment naissent les jeux de pouvoir, comment une dynamique de discussion entre individus quitte le champ du rationnel et aboutit à des tentatives d'influence pénibles et stériles ? Comment agir face à une situation de jeux de pouvoir ?

Dans le processus de négociation classique, chaque partie essaie d'influencer l'autre, d'agir sur lui, avec des arguments, des éléments factuels. Lorsque cette influence passer par des phénomènes de manipulation, de recours à l'autorité ou de déstabilisation, on peut parler de jeux de pouvoirs.

Les jeux de pouvoir peuvent aller loin. Au départ, ils peuvent être relativement simples, comme l'intimidation, le silence, couper la parole, etc. Ensuite, on peut arriver à des mesures fortes, comme se mettre en colère, être violent, voire insulter. Toutes ces pratiques arrivent régulièrement dans des négociations professionnelles. Elles déstabilisent profondément les négociations, elles laissent les protagonistes insatisfaits et sans solution durable. Comprendre ces phénomènes est nécessaire pour les maîtriser et les éviter.

Le jeu de pouvoir, c'est un ensemble de techniques d'échanges, de manières d'interagir pour éviter la négociation simple, pour faire entrer l'autorité, le pouvoir sur l'autre, dans le jeu des acteurs. C'est un jeu où on espère ramener la relation d'échange à une relation d'autorité. Dans une négociation, on est souvent en position d'égal à égal. Or, il est plus simple et plus facile d'être dans une relation de pouvoir, d'autorité du type *« j'ordonne, tu obéis »*. Le jeu de pouvoir, c'est tenter de ramener l'échange entre adultes à un jeu infantile de rapports de force.

Le jeu de pouvoir est une dynamique émotionnelle visant à mettre une personne en situation d'infériorité. Dans cette relation basée sur l'autorité, du type *« j'exige, tu obéis »*, on pense que l'autre partie va accepter plus que par une discussion adulte. Il va être impressionné, déstabilisé. On pense que l'autre va plier, arrêter de demander, qu'il va accepter l'autorité et arrêter d'être dans un jeu d'égal à égal.

Le jeu de pouvoir est une manière souvent inconsciente de ne pas accepter les termes de la recherche d'un accord. Dans un jeu de pouvoir, on essaie d'obtenir un engagement immédiat comme celui qu'on obtiendrait par une obéissance autoritaire.

Dans une dynamique moins caricaturale, le jeu de pouvoir peut entrer en jeu de façon transitoire. Un protagoniste va utiliser transitoirement un effet de jeu de pouvoir pour un gain immédiat. Une fois un objectif atteint ou bien face à un blocage, le négociateur va revenir à une discussion plus rationnelle. Le jeu de pouvoir peut déplacer l'équilibre de la négociation de manière transitoire.

Pour se préparer aux jeux de pouvoirs et essayer d'anticiper, on utilise souvent l'analyse des rapports de force. J'imagine les deux parties et je me demande quel est le rapport de force. Je veux savoir ce qui va se passer. L'inconnu est effrayant, je vais étudier les rapports de force des parties pour essayer de prévoir qui va gagner quoi. Et je vois que la partie A possède plus de force que la partie B. Et donc que B est en situation de faiblesse sur ce sujet. J'essaie de mesurer la capacité d'influence en fonction de la capacité de nuisance de chacune des parties.

Laïfa, une commerciale en prestations informatiques, voulait absolument vendre une prestation dans la direction informatique d'une grande banque. Elle avait un chiffre d'affaire à atteindre ce mois-ci et elle était en retard. Elle savait que d'autres entreprises proposent des prestations très proches et qu'elle ne peut pas descendre son prix plus bas que son dernier devis. Le client, manager informatique, n'est sans doute pas pressé de conclure un contrat et peut faire jouer la concurrence. On peut donc penser que Laïfa n'est pas dans un rapport de force favorable dans cette banque.

Ce rapport de force existe parce qu'il y a confrontation des volontés d'aboutir et une inégalité dans le rapport des volontés. L'un a plus envie que l'autre d'aboutir à une solution négociée rapidement.

Mais on pourrait aussi imaginer que Laïfa a parfaitement identifié les besoins de son client. Celui-ci a besoin d'une aide sur un sujet technique extrêmement pointu et seule Laïfa peut présenter le CV d'un expert informatique maitrisant cette technique. D'autre part, Laïfa est persuadée d'avoir si bien promu la qualité de son offre par rapport aux besoins et aux concurrents que le manager informatique n'a pas d'autre choix raisonnable que de prendre l'expert que Laïfa présente.

Dans cette description, la balance des rapports de force et des volontés d'aboutir n'est plus la même. Le client semble moins fort, moins en situation de dominer l'échange. L'analyse des rapports de force est différente.

Notre vision des rapports de force dépend fortement des informations que nous avons. Dans le premier cas, on imagine un rapport de force en faveur du manager informatique, dans l'autre cas, un rapport de force en faveur de Laïfa. Mais rien n'a changé entre les deux cas, aucun acte, aucune parole ou échange n'a eu lieu. Donc notre vision du rapport de force est simplement une question d'information et d'évaluation que nous avons d'une situation donnée.

Analyser un rapport de force se base sur les informations disponibles et sur une évaluation de quelque chose d'absolument non mesurable : la différence de volonté d'aboutir des deux parties. Cette analyse des rapports de force est donc profondément ambiguë. Quand on est négociateur, on ne sait pas quelle est la volonté d'aboutir de l'autre partie. Analyser la situation d'une négociation selon la grille du rapport de force, sur le pouvoir d'agir sur le contenu de la négociation n'est donc pas un outil unique et simple. Il faudrait pouvoir évaluer cette volonté d'aboutir des autres. On essaie de comprendre les réseaux de contraintes de l'autre partie, de l'anticiper. Et cette compréhension aboutit à un schéma de « rapport de force ».

Mais rien n'est fixe dans cette vision, rien n'est sûr, rien n'est définitif. C'est une grille d'analyse, pas une réalité. Cette grille d'analyse peut donc évoluer, on peut y faire des erreurs.

Considérer une négociation comme un moment d'échanges entre des rapports de force est le fruit de notre machine à anticiper. Je pense que l'autre peut avoir plus de force de m'imposer ses vues que moi sur lui. J'anticipe déjà le résultat de nos discussions et j'anticipe les mouvements de l'autre et je pense qu'il va utiliser tel ou tel argument. Et je trouve qu'il a plus de capacités que moi d'influencer, voire d'imposer ses vues. Je me trouve donc en infériorité dans ce rapport de force.

Le grand risque d'analyser les discussions sous l'angle des rapports de force, c'est d'être bloqué dans cette analyse. Si on s'arrête aux rapports de force, nous ne voyons que cette dynamique-là. Cette grille d'analyse prendra le pas sur d'autres façons de voir la négociation. Nous risquons donc de passer à côté d'autres possibles, d'autres scénarios. Or l'échange est à construire, on ne sait pas forcément ce que l'autre a à proposer.

Voir dans une négociation uniquement un rapport de force entraîne les protagonistes sur le chemin d'un monde fini, d'un gâteau à taille fixe qu'il faut se partager. Voir dans une négociation une bataille de forces où chacun doit essayer d'obtenir une part plus grande d'un gâteau est une vision fréquente, mais extrêmement limitée, de la négociation. C'est voir la négociation comme un jeu de pouvoir sur des rapports de force. Ce cadre d'analyse doit être dépassé.

D'un point de vue plus global, le recours à l'autorité s'appuie sur une vision du monde, un cadre d'analyse particulier. Beaucoup de protagonistes voient le monde comme une compétition. Les phrases comme « je dois lui arracher des choses », « c'est lui ou moi », se basent sur le fait de croire, par l'émetteur, que l'enjeu de la négociation est un gâteau à taille fixe et qu'il faut se battre pour obtenir une part plus grosse que l'autre partie.

Cette vision est extrêmement fréquente. Elle est mise en exergue dans les médias et les histoires narratives car elle permet de simplifier les enjeux. Elle ramène la négociation à un schéma de lutte entre deux volontés, entre deux rapports de force et ne conduit qu'aux jeux de pouvoir. Négocier est une affaire compliquée, penser qu'il s'agit d'un bon vieux combat de western où celui qui dégaine le premier va gagner, est tellement plus simple, plus attractif, plus facile.

Si on imagine une situation simple, alors oui on peut ramener la question à un histoire de taille de part de gâteau. Si je baisse mon prix, le client fera une meilleure affaire et moi je perdrai de la marge. C'est une situation simple de gâteau à taille fixe. Dans cette vision, le gain s'obtient par le fait d'arracher pour soi des avantages à l'autre. Tout ce que je gagne, c'est ce que l'autre perd.

Ce qui est essentiel de comprendre, c'est qu'il s'agit d'une simplification que l'on se donne pour analyser une situation, c'est une vision simplifiée de la relation entre les parties. Dans toutes les dimensions complexes d'une négociation, nous sommes tentés de simplifier pour comprendre et de tout ramener à une question de taille de part de gâteau. Ainsi on comprend mieux, on maîtrise, on rend les enjeux simples.

Mais si nous décidons d'analyser la situation avec un peu plus d'éléments, nous arrivons à un cadre plus complexe. Si je baisse mon prix, je perds de la marge et j'augmente mes chances de convaincre le client. C'est vrai mais toute situation est influencée par des éléments extérieurs en grand nombre : est-ce que je veux absolument ce client, ou puis-je me permettre d'attendre, est-ce que ce client va devenir très fidèle et il me commandera des produits pendant des années, etc.

C'est l'analyse que nous faisons d'une situation qui peut nous faire passer d'une vision « je gagne, il perd », à une vision *« imaginons une solution gagnante en prenant tous les éléments »*. Il est normal de vouloir simplifier pour gagner en efficacité. Mais le chemin de la simplification d'analyse vers une vision de « rapport de force » engendre beaucoup d'effets pervers.

En effet, c'est sur une vision du monde de confrontation des volontés que les protagonistes bâtissent des jeux d'autorité, des jeux de pouvoir. Nous verrons comment échapper aux jeux de pouvoirs, mais cette vision des enjeux est bâtie, elle n'est qu'un des chemins du champ des possibles.

Cette vision est aussi alimentée par la personnalisation de la négociation. On peut investir beaucoup d'enjeux personnels. Ramener la négociation à une bataille de volonté, une bataille d'ego. « C'est lui ou moi », encore une fois, c'est la vision western de la négociation, attrayante pour des personnalités compétitives avec un fort ego.

Penser en termes de gâteau fixe, de batailles d'ego est une des erreurs les plus répandues et les plus difficiles à faire admettre tant elle est populaire. En formation, nous avons beaucoup de mal à faire accepter que ce n'est qu'une possibilité. Les batailles de volonté sont des éléments les plus répandues des scénarios de film. Chaque jour dans la presse, on nous dit que le gouvernement (ou les syndicats) a « cédé » sur un point, ou qu'un dirigeant a lâché du lest. Ces éléments de communication permanents ont sans doute une grande influence sur notre vision du monde. Cette vision de la négociation crée une tension dramatique forte et est surexploitée dans tous les contextes narratifs.

D'autre part, le négociateur n'est pas seul, hors sol. Il est investi dans cette mission par une organisation. Et le négociateur a ses propres enjeux dans cette organisation : prouver qu'il est un bon élément, se battre pour légitimer sa place, ou la conserver. Le négociateur est porteur de son environnement émotionnel personnel, et il est plongé dans un processus avec de forts enjeux émotionnels, comme on l'a vu. Face à cela, beaucoup de gens vont réagir en investissant leur ego. Ils vont penser en termes de « c'est lui ou moi, je vais leur prouver que je suis capable, il faut que je sois à la hauteur ». Du fait de cet environnement, les enjeux d'ego prennent le pas sur une vision plus large et poussent les protagonistes à envisager cette discussion sous l'angle d'une bataille où il faut remporter pour exister pour soi.

Envisager une négociation comme une bataille d'autorité autour du gain de sa taille de part de gâteau n'est donc qu'une grille d'analyse du monde. On peut voir les choses différemment. Nous devons voir les choses différemment

Les jeux de pouvoir peuvent aussi naître d'une compréhension erronée de la situation, voire même de l'absence d'objectifs dans la négociation : *je ne veux pas perdre parce que je ne sais pas ce que je veux et donc j'en fais une discussion de position*. C'est une origine psychologique du jeu de position, *«je joue la position parce que je ne sais pas ce que je peux obtenir et j'ai peur de perdre, donc je n'essaie de rien lâcher. »* « *L'autre veut me prendre quelque chose, je ne sais pas si je veux vraiment le garder, mais je vais y tenir au cas où ce serait important ».* Dans ce cas, je suis concentré sur ma position et non sur mes objectifs parce que justement, ces objectifs sont flous. Le jeu de pouvoir procède de cette guerre de position où l'objectif est de faire perdre à l'autre sa position. Mais c'est une belle opportunité pour le négociateur excellent qui sait la lire, car celui qui ne sait pas ce qu'il veut est plus réceptif aux propositions créatives.

Une personne complétement investie dans un jeu de pouvoir est persuadée que la question posée n'est que de partager un gâteau à taille fixe, et que toute autre proposition est une manœuvre manipulatoire pour obtenir en douce une plus grosse part. Si ce que j'obtiens, c'est ce à quoi l'autre renonce, il faut donc que je force, que je fasse preuve d'autorité pour obtenir ce que je veux et que l'autre renonce. Ce phénomène est présent dans nos modèles de négociateurs forts et inflexibles. C'est souvent vu comme une qualité : « Celui-là il ne lâche rien. ». Il est fort, il obtient beaucoup. Qu'il est tentant de chercher un chef de meute, dominateur voire Persécuteur, derrière lequel se réfugier.

Assez tôt dans notre développement, nous sommes confrontés à des situations où l'on veut obtenir quelque chose et on supplie nos parents de l'obtenir. La preuve « expérimentale » est rapidement faite, qu'en répétant son objectif, en pleurant, en insistant, on finit par avoir ce qu'on veut. Cette vision très émotionnelle de la conviction marque beaucoup de gens et notre cerveau répète à vie les expériences marquantes, même si elles sont porteuses d'échec.

Le jeu de pouvoir, c'est aussi la conséquence de traiter les rapports humains sous l'angle de la domination, de l'autorité et de l'obéissance. Une personne qui a été habituée à donner des ordres aura comme réflexe de venir à la table des négociations en voulant établir des rapports de force. On a vu que l'autorité, le rapport de domination est un réflexe extrêmement puissant inscrit dans nos cerveaux, et face aux enjeux d'une négociation, la plupart des acteurs essaieront de reproduire un schéma connu qui a permis de gagner dans le passé.

Sous cet angle, une négociation, c'est deux volontés qui s'affrontent pour gagner un terrain. C'est une stratégie guerrière : je prends leurs terrains, ils cèdent leurs terrains. C'est une stratégie virile et valorisée dans nos sociétés. « Ne lâchez rien » entend-on parfois comme cri guerrier, comme si ne rien lâcher était une solution pour obtenir quelque chose de nouveau. Mais le problème est que cela fonctionne souvent. Les gens qui jouent aux jeux de pouvoir ont l'habitude d'obtenir ce qu'ils veulent. Dans de nombreuses situations de la vie courante, le jeu de pouvoir fonctionne car le rapport social des hommes passe par des jeux autour de *« qui est le chef de la meute ? »* Or quel est le déterminant qui fait que l'on accepte la domination d'un chef ? C'est notre besoin d'avoir des relations. C'est parce que nous ne voulons pas être seul. Nous avons absolument besoin d'appartenir à un groupe, quitte à oublier notre personne pour accepter les règles du groupe et sa hiérarchie obligatoire. Et tout groupe a besoin d'un chef, qui sait, qui ordonne et à qui on obéit. Dans un monde complexe, difficile, ou l'on avance avec appréhension, avec peur, avoir quelqu'un de fort psychologiquement en face de soi, crée de la confiance. Dans notre monde complexe, difficile, ambigu, nous recherchons notre leader. Nous recherchons celui qui aura l'autorité. Nous nous plaçons sur le chemin de l'obéissance. Nous sommes contents, satisfaits de savoir qui dirige dans un groupe et qui obéit. Le jeu de pouvoir procède de cette tendance. Le jeu de pouvoir essaie de réintroduire dans le champ de la négociation cette tendance que nous avons tous à nous penser dans une hiérarchie sociale, ou existe un chef bien identifié qui ordonne et à qui on obéit.

La négociation fait peur, car elle n'est pas aussi simple et fluide qu'une action d'autorité. Portés par les enjeux importants qui sont à l'œuvre dans cette négociation, certains esprits vont essayer d'échapper à la tension créée par la peur de perdre. Ils vont se raccrocher à des mécanismes maîtrisés et habituels. Plutôt que de discuter pour trouver une solution commune, des profils dominateurs essaient de résoudre la question en jouant sur la corde de l'autorité. Lorsque dans ces situations, on essaie d'augmenter l'inconfort, la peur, on pousse la dynamique vers plus de jeux d'autorité, plus de jeux de pouvoir.

D'autre part, le jeu de pouvoir naît aussi de la peur, de l'inconfort de la négociation. Je ne maîtrise pas ce que l'autre veut, je me sens en situation de faiblesse, je cherche à être dans l'autorité pour assoir ma force. L'autre sent mon jeu de pouvoir, il essaie de provoquer la peur chez moi, ce qui renforce ma sensation de faiblesse. C'est une boucle qui s'autoalimente. Le jeu de pouvoir est pervers parce qu'on s'y enferme et qu'il s'auto-justifie.

L'objectif inconscient du jeu de pouvoir est de mettre l'autre partie en situation inconfortable pour terminer rapidement une négociation, pour ne pas donner ce qu'on veut garder, pour ne pas s'engager sur quelque chose qu'on ne maîtrise pas.

Parlons du prix, uniquement du prix, dira l'acheteur autoritaire, et non pas des délais de livraison ou de la qualité du produit. Si je pousse ce vendeur de manière agressive uniquement sur le prix, je garde le contrôle du processus.

Face au champ des possibles immenses qui créé une anxiété et des risques de perte de contrôle, quelle satisfaction de manipuler l'autre pour conserver la maîtrise totale de la situation. La peur, et notamment celle de perdre le contrôle, c'est le terreau des jeux de pouvoirs.

Une négociation est un processus de discussion entre deux parties, qui lie des parties rationnelles et des parties émotionnelles. On discute à la fois du prix de la tonne d'acier ou du montant de la négociation salariale, et à la fois on y amène ses envies, ses peurs et ses besoins.

Dans ce processus complexe et souvent long, on observe des phases rationnelles et des phases émotionnelles. Les jeux de pouvoir peuvent advenir à certains moments, puis disparaitre ensuite. De plus, il n'y a pas de barrière fixe entre négociation simple d'un côté et jeu de pouvoir de l'autre partie, les mécanismes des jeux de pouvoirs peuvent être subtils et se mêler à des discussions purement rationnelles. Ils peuvent aussi venir à des moments précis dans une négociation et disparaître.

Même si le protagoniste est de bonne volonté, s'il se sent acculé, en danger, son esprit va mettre en marche son côté autoritaire à travers des jeux de pouvoirs. En avançant dans la discussion, si le sentiment de peur, de sensation de perte et de risque diminue, la tentation du jeu de pouvoir va diminuer et une discussion plus rationnelle d'égal à égal reprend le dessus.

Ce qui est donc très pratique car on peut faire reculer le jeu de pouvoir de manière subtile ou l'utiliser, si on le désire, à bon escient. Jouer du risque, de la peur, c'est pousser la discussion vers des zones de jeux de pouvoir ; ramener la confiance, c'est ramener de la discussion rationnelle.

Entrer dans les jeux de pouvoir comporte donc un risque : passer d'une discussion efficace et fructueuse entre gentlemen à une discussion agressive, autoritaire, désagréable et souvent inutile. Le jeu de pouvoir est aussi une opportunité. Des éléments de jeu de pouvoir sont souvent présentés dans les manuels de négociation ou de vente, avec beaucoup de conseils de manipulation. Il est tellement tentant d'essayer de contrôler la négociation en se plaçant dans le rôle du manipulateur, de celui qui est plus malin et qui contrôle l'autre. Être Persécuteur, quel bonheur !

La négociation est un processus qui est à la frontière entre la collaboration et la confrontation. La négociation est un art qui laisse l'interaction humaine s'épanouir entre ces deux pôles. Trop de collaboration, et on aura une relation parfaite, agréable, mais on n'aura rien remis en cause, rien discuté de ce qui est important et difficile, on aura donc peu de gains à la fin. Trop de confrontation et on reste coincé dans la bataille sans autre possibilité de gain que celle de se battre pour remporter un demi morceau de solution.

Il est donc important de savoir rester sur le fil et de ne pas tomber ou se laisser emporter dans des jeux pervers. Le négociateur excellent saura donc détecter le jeu de pouvoir et ramener la discussion vers un meilleur équilibre.

La question suivante est sans doute de savoir comment agir quand l'autre partie s'engage dans un jeu de pouvoir.

Le pire est de l'accepter. L'autorité ne fonctionne que si elle est acceptée. Le triangle de Karpman ne fonctionne que si une personne accepte de devenir Victime. Toutes les personnalités un peu rebelles savent jouer des relations d'autorité. Globalement, il faut botter en touche. Nous allons voir comment.

Face à une démonstration de pouvoir qui est la tentative de créer une relation « dominant / dominé », il ne faut pas accepter. Faut-il se battre, fuir ou être résigné ? La solution est de sublimer une position de dominant. Si on essaie de se défendre, de montrer les crocs, de prouver qu'on est plus fort que celui qui essaie de vous dominer, on passe d'une négociation à une bataille d'égo. Si on fuit ou on se résigne, on ne gagne pas non plus. Le jeu de pouvoir ne fonctionne que s'il trouve une victime et fuir c'est accepter d'être Victime. Il faut donc tout faire pour ramener l'autre partie vers une discussion rationnelle. Le Persécuteur essaie de créer un cadre de discussion autour du triangle de Karpman. Il ne faut pas se laisser entrer dans la vision de l'autre, dans son cadre. Il faut créer un autre cadre.

Face à des jeux de pouvoir, le premier réflexe de survie est ne pas s'engager *« c'est une vision intéressante »*, *« je comprends votre point de vue »*. Ensuite il faut recadrer en explicitant, en dénonçant en quelque sorte le jeu de *manipulation « je crois que nous devrions être dans une atmosphère de coopération ».* Le rappel aux principes est un bon réflexe. *« Est-ce que nous pouvons convenir de travailler dans un mode de coopération ? »* Expliciter les jeux de pouvoir est à manier avec précaution, mais quand il devient évident qu'il s'agit d'une manœuvre plutôt que d'un coup d'humeur, il faut le dénoncer. *« Je vois que vous incarnez le* good cop/bad cop *comme dans les films, mais je voudrais aujourd'hui me situer dans la coopération ».*

Les jeux de pouvoir de l'autre partie ne sont pas forcément conscients, ils ne sont pas obligatoirement une manœuvre tacticienne ou manipulatoire. On l'a vu, le recours à l'autorité est un processus inconscient, qu'on peut associer à l'émotion de la colère, comme un réflexe de défense. Jouer de la volonté de coopération, montrer en répétant autant de fois que nécessaire qu'on veut être dans une attitude d'ouverture finira par triompher des plus colériques d'entre les protagonistes.

Le principe face aux jeux de pouvoir est qu'il faut se concentrer sur le processus. Il faut penser le jeu de pouvoir, les tentatives d'autorité comme une option possible, comme un angle parmi d'autre. De manière simple, le jeu de pouvoir, c'est essayer d'avoir une plus grosse part de gâteau, la négociation c'est essayer d'augmenter la taille du gâteau. Donc ce qu'il faut faire, c'est essayer de rendre conscient la possibilité d'augmentation de ce gâteau. Si quelqu'un est persuadé d'avoir un gâteau à taille fixe et qu'il peut vous déstabiliser, alors il jouera des jeux de pouvoir. C'est parfois facile de botter en touche en parlant de toutes ces solutions pour augmenter la taille du gâteau mais souvent très difficile, et il faut avancer prudemment, par petits pas.

Dans le processus de négociation, nous le verrons, le mieux face aux difficultés, c'est de progresser par étapes pour obtenir des engagements. Face aux jeux de pouvoir la première chose est donc de le rendre conscient, le dénoncer, le mettre sur la table, expliciter. Ensuite il faut obtenir un engagement de l'autre partie sur la bonne attitude. Face à un blocage, il s'agit de toujours chercher à faire un petit pas, dans la bonne direction.

Le plus petit pas qu'on puisse faire, c'est-à-dire le plus petit engagement partagé, c'est sur les principes de la négociation *« Etes-vous d'accord pour qu'on continue à discuter sereinement dans le but de trouver une solution ? »* La réponse sera toujours oui, et c'est déjà un engagement.

On peut prendre le jeu de pouvoir comme une opportunité d'avancer. Le jeu de pouvoir est parfois le résultat d'une personne qui ne sait pas ce qu'elle veut, ce qu'elle peut obtenir, elle se réfugie donc dans le pouvoir. Elle est campée dans l'attitude « ils ne m'auront pas ». C'est une porte ouverte pour ancrer un fait, un standard. C'est une opportunité pour faire avancer la relation.

Lorsque cela ne marche pas, lorsque la pression est trop grande, il ne faut pas réagir immédiatement. On peut toujours demander du temps, un ajournement. C'est une position de fuite temporaire, qui peut être très salutaire. Entrer dans le jeu de pouvoir n'est pas forcément conscient et on se trouve emporté dans ces relations manipulatoires. Demander à reporter la discussion permet de laisser à l'autre partie le temps de revenir dans des humeurs plus collaboratives. Il ne faut donc jamais contre-attaquer mais il faut contourner l'obstacle.

« Faut-il montrer ses faiblesses ? » Dans un jeu de pouvoir, une faiblesse est un moyen de pression. Un manipulateur pourrait penser « je sais que cette personne tient absolument à conserver l'objet de sa faiblesse, et je vais m'appuyer dessus pour obtenir quelque chose ». L'objet de sa faiblesse serait la vie de la belle héroïne dans un scenario ou James Bond doit sauver la planète. Dans la vie courante, le manipulateur cherche les contradictions pour essayer de créer la confusion chez l'autre. « Si tu tiens à conserver mon amitié, alors tu me donnes ceci ». Dévoiler ses faiblesses, c'est dévoiler des objectifs contradictoires. Or en fait, comme négociateur nous pensons avec des contradictions : « Je veux conserver ma relation avec cette personne et ne pas lui déplaire, mais en même temps, je ne veux pas lui donner ce qu'elle demande ». Le manipulateur jouera de ces contradictions pour déstabiliser la personne et imposer son cadre de jeux de pouvoir. Pour sortir de ce jeu pervers, nous pouvons imaginer ne pas montrer ses faiblesses, être fermé, froid, distant et très peu parler. Mais cela signifie qu'on agit dans le cadre du jeu de pouvoir. Pour sortir de ce jeu pervers, on peut aussi ne pas rentrer dans le cadre et être clair, par sa préparation, sur la hiérarchie de ses demandes. On peut alors décider assez vite de ne pas sauver la belle héroïne et de préférer sauver la planète de l'affreux méchant. Il reste que la meilleure attitude est effectivement de ne pas trop dévoiler ses objectifs, mais être dans une attitude de concentration sur l'autre, par de dissimulation.

Le jeu de pouvoir s'appuie sur l'idée de contrôler une ressource limitée. Le jeu de pouvoir, c'est d'essayer de convaincre qu'il n'y a pas de substitution que d'accepter la situation présentée par le manipulateur. Le recadrage est toujours de dire que d'autres solutions substitutions existent. Et c'est tout le jeu de la négociation : imaginer des solutions alternatives à toute solution bloquée.

<u>Conclusion de cette première partie</u>

Négocier, c'est discuter pour trouver une solution à un problème d'interdépendance. Ces discussions contiennent toujours des enjeux personnels : il y a l'envie d'obtenir quelque chose et le risque de perdre. Chacun y investit une partie de soi et le continent des émotions donne vie à toutes ces interactions. Le négociateur excellent saura comprendre les émotions et les déterminants psychologiques qui entrent en jeu. Il doit, lui, se tenir dépassionné, tenter de jouer la désescalade, même s'il faut quitter momentanément la table. Il doit aussi voir les mouvements en face et déjouer toutes les chausse-trappes qui se jouent en un instant. Construire une relation de confiance, ne pas se laisser encadrer, se prémunir des jeux de pouvoir et engager des actions de conviction, tournées vers l'autre partie. Négocier, c'est un art de la persuasion, de l'écoute, de la patience. C'est un art de l'humain. Tout le sel de la vie se joue là, dans la compréhension et la maîtrise des mouvements humains.

Deuxième partie

Développer les réflexes des négociateurs excellents

Le but d'une négociation est d'arriver à une solution satisfaisante pour les deux parties. On a vu l'impact important de l'état émotionnel, les risques importants d'être dérivés de l'objectif par les raccourcis psychologiques et les dynamiques entre les parties. Mais comment améliorer ses négociations, basées sur ces analyses ?

Le meilleur matériau qui nous soit accessible est soi. Son propre être, son attitude, sa façon d'agir, ses habitudes. C'est en travaillant sur soi que l'on peut progresser et améliorer fortement ses capacités de négociateur. Nous verrons dans la troisième partie comment gérer la dynamique, mais commençons d'abord par nous concentrer sur ce seul matériau qui nous soit véritablement accessible : nous-même. Nous donc allons voir ce que nous devons cultiver en nous pour améliorer nos capacités de négociation et pour faire émerger les meilleurs réflexes.

L'attitude gagnante : être un coach de solution

Un certain nombre d'auteurs sur la négociation proposent pour s'améliorer une liste d'outils où puiser. On peut décrire différentes tactiques et techniques qui permettent de triompher des difficultés des négociations. On peut écrire la liste des douze règles des meilleurs négociateurs. Mais aborder une négociation en essayant de plaquer des outils prêts à l'emploi présente un risque important. Chaque négociation est unique et l'acteur doit pouvoir s'adapter aux circonstances.

Pour pouvoir être plus efficace, c'est avant tout « soi » que l'on peut changer, en commençant par notre attitude d'entrée en négociation. L'idée est qu'il y a une attitude gagnante : le négociateur est un coach en solution, c'est le pilote de la discussion.

En effet, l'état d'esprit dans lequel on va se trouver lorsqu'on entre en négociation va déterminer nos réactions, nos interventions et nos propositions. Nous avons vu combien les états émotionnels des parties entrent en jeu dans les discussions. Il faut donc pouvoir gérer ces émotions, en commençant par les nôtres. Comme dans tout travail psychologique, c'est en commençant par changer notre attitude que nous pourrons progresser dans la relation.

Nos émotions, nos humeurs, nos pensées sont souvent déterminées, elles suivent un chemin. Nous sommes en capacité de changer notre attitude car nous sommes capables de prendre des décisions conscientes sur ce chemin, à chaque croisée, pour mieux contrôler le chemin de nos émotions.

En effet, tout ce qui se passe avant la négociation et la plupart de ce qui se passe pendant, est une représentation intérieure. Comme l'analyse du rapport de force, comme le besoin de prendre un rôle dans le triangle de Karpman, tout ce qu'on pense de la situation : *« vais-je gagner à cette négociation »*, comment je réagis à une parole de l'autre, tout cela est déterminé par notre attitude.

Certains négociateurs entrent dans l'arène avec une attitude combative, virile, agressive, en voulant puiser dans leur détermination le maximum de fruits de l'autorité. On a vu que les risques des jeux d'autorité étaient importants. En incarnant une attitude agressive, on induit cette même attitude d'affrontement chez l'autre partie. Avant même qu'aucun mot ne soit échangé, l'attitude de l'un peut déterminer beaucoup de la suite de la négociation. Cela signifie aussi qu'une attitude différente est possible pour éviter ces difficultés. De l'autre côté du spectre, entrer en négociation avec la seule attitude de conciliation va faire sérieusement pencher les gains de l'autre côté car la recherche de la conciliation à tout prix, et bien, elle est *« à tout prix »*, elle consiste à tout donner.

Réussir une négociation est un exercice délicat. On a vu qu'une difficulté est de pouvoir gérer des sollicitations émotionnelles pendant toutes les phases de négociation. Or nous sommes bousculés, nous sommes déséquilibrés par l'autre partie, nous devons gérer la relation, la dynamique, nous devons anticiper et jouer la bonne carte au bon moment. Dans le même moment, nous devons aussi nous méfier de nos propres émotions, être capable de nous mettre à distance de nos propres émotions, trouver une solution pour ne pas être désarçonné par l'autre partie et entrer dans un jeu de pouvoir.

L'attitude idéale permettrait de pouvoir gérer ces flux, toutes ces pensées, toutes ces énergies. Ça semble un défi immense de pouvoir gérer simplement tout cela avec un seul petit cerveau de moins de deux kilos. La négociation serait-elle un sport de très haut niveau ?

Pourtant, développer une attitude efficace est possible, c'est développer un état mental par la préparation. Les coachs sportifs ont beaucoup étudié le rôle de l'état mental pour améliorer les performances physiques des athlètes. Les librairies fourmillent de conseils de professionnels pour expliquer que l'état mental détermine la réussite. Réussir ce marathon est accessible à tous, avec un bon entrainement.

Classiquement, on conseille au négociateur d'adopter une attitude rationnelle. D'essayer d'évacuer les émotions qui polluent la négociation. Il est assez fructueux de se concentrer sur ses objectifs, d'établir une stratégie et de se comporter comme un professionnel un peu froid et concentré.

Stuart Diamond par exemple nous propose de nous tenir dépassionné, en essayant de calmer les mouvements émotionnels qui naîtraient durant la négociation, tout en essayant d'être dans la compassion, c'est à dire de prendre en compte l'expression émotionnelle qui se présente. Il a tout à fait raison ; pour éviter tous les écueils des jeux de pouvoirs, des spirales négatives, des jeux psychologiques pervers, il faut se tenir dépassionné.

Toutefois, si adopter une attitude froide et détachée est bien meilleure que d'être chaotique et colérique, il reste qu'il faut prendre en compte l'effet que notre attitude crée en face. Dans bien des cultures, une attitude froide et détachée ne sera pas vécue comme un gage de collaboration, mais interprétée avec des schémas de confrontation. *« Cette personne est froide, ça veut dire qu'elle est dure, donc je vais être dur également. »* On ne contrôle pas ce que l'autre ressent, mais ce livre tente de convaincre que gérer les émotions fait partie des outils qui permettent de progresser en négociation.

Si se concentrer sur les enjeux rationnels de la négociation est évidemment une nécessité pour atteindre ses objectifs, on voit encore beaucoup de négociateurs entrer dans un cycle de négociation sur un modèle d'affrontement.

Evidemment la vision froide et guerrière de la négociation a ses avantages. Elle peut parfois fonctionner face à des négociateurs très rationnels ou face à des enjeux très précis. Une attitude fermée, froide peut faire partie du processus, à des moments clefs. Le professionnel froid et déterminé bénéficie encore d'une image de force. Il impressionne, il impose son autorité et influence directement. Dans beaucoup de groupes ou d'entreprises, la volonté de conciliation, d'empathie et de compromis sont perçus comme de la faiblesse. Et cette impression de faiblesse crée un appel d'air aux jeux de pouvoir. Si l'autre partie commence des jeux de pouvoirs, préparent des manœuvres dilatoires, alors le simple appel à se tenir dépassionné n'est pas forcément le plus efficace, car c'est une position de défense, donc fragile. Se tenir dépassionné est un prérequis, mais ce n'est pas suffisant dans les négociations complexes.

Dans les négociations plus courantes, on se trouve aussi dans une situation moins passionnée mais tout aussi difficile, c'est celle ou les parties sont dans une situation de blocage. Des échanges d'arguments ont eu lieu, chacun a amené ses propos, mais on ne sait plus comment avancer sans passer dans une relation tendue. Chacun observe l'autre, anticipant ses mouvements agressifs, mais n'en commençant aucun. L'appel à se tenir dépassionné est-il suffisant pour avancer ?

L'émotion est ce qui nous pousse en avant. Nous sommes des êtres sociaux, à la fois émotionnels et rationnels. Sans émotion, nous serions des robots échangeant des protocoles déterminés à l'avance. Il faut donc absolument accepter de travailler dans un environnement ou les émotions sont présentes.

Ce que propose ce livre, c'est de développer une attitude de coach en solution. Un négociateur excellent est capable de prendre en compte le rationnel présenté devant lui, par l'autre partie, et par son mandat, tout en gérant les dynamiques émotionnelles et sociales. Son rôle est de faire émerger une solution innovante et satisfaisante, plus que de défendre une citadelle assiégée. Son rôle est d'aider l'équipe – formée par lui et l'autre partie - à faire naître une solution satisfaisante pour tous plutôt que de chercher à tirer la couverture à soi.

Il faut donc transformer le regard porté sur les protagonistes. Il faut imaginer un monde de solutions infinies plutôt que de parts de gâteau à répartir. Il faut penser l'autre comme un partenaire cherchant une solution complexe, invisible au départ, dans le brouillard, dans un réseau contradictoire de motivation, désirs, contraintes et idées. Un coach de solution aide son partenaire à dessiner la meilleure solution pour tous en interrogeant, en écoutant, en proposant, en affinant et en concluant. Il prend en compte les états émotionnels de l'autre partie, maîtrise ses propres états et jongle avec les éléments rationnels.

Le négociateur excellent entre dans la salle des débats en se disant *« je vais trouver en l'autre les solutions à notre problème commun »,* et non pas *« je vais vaincre ses résistances pour imposer mes solutions. »*

Ce coach voit dans la négociation un processus avec ses moments obligatoires et notamment ceux désagréables, ou il faut dire non, il faut cadrer, limiter l'envie d'expansion de l'autre. Il ne pense pas que les batailles d'ego sont le cœur de la négociation, mais plutôt que les égos s'expriment au profit d'une solution. Le coach-négociateur ne veut pas non plus en face de lui d'une armée de « béni oui-oui », mais de partenaires, parfois retord, avec lesquels il s'agit de créer une solution gagnante.

Cette attitude d'ouverture, de recherche de solutions, de « coach en solution » permet de dépasser les limites rapides de l'affrontement et les jeux de position. L'avantage est qu'on obtient plus que ce qui est pensé au départ. Toujours.

Le négociateur est le réceptacle de forte pression. Il reçoit une pression forte aux résultats de son employeur ou de son client, il souffre du manque de marge de manœuvre de l'autre partie, il est angoissé et désireux d'en sortir gagnant. Les protagonistes sont souvent enfermés dans leur jeu intérieur : ils essayent de gagner, en ayant peu de choses à offrir. Pour sortir de cet environnement de pression, il existe plusieurs attitudes possibles.

La première est celle du chien acculé : hurler et mordre. C'est-à-dire penser « il faut que je gagne à tout prix ». Cette attitude s'appuie sur la peur de perdre. Mais elle enferme l'autre dans cette même vision, dans une dynamique négative de jeux de pouvoir.

Chacun va se concentrer sur sa peur de perdre et les blocages vont naitre.

Parfois cela peut être efficace. Dans certaines situations, le fait de répéter, de ne rien céder, de ne rien donner permet de gagner des bonus à court terme. Mais il s'agit d'un cadre de dominé, d'une attitude de défense, elle ne permet pas de construire ni de solutions efficaces, ni de solutions pérennes. Elle doit être transitoire.

La deuxième attitude est celle que nous recommandons. Se concentrer sur l'élaboration d'un partenariat, éliminer les peurs et créer la confiance. Cette attitude est toujours gagnante à moyen terme. Elle permet toujours de construire un gâteau plus grand qu'au départ, ou chacun aura une plus grande part.

C'est d'ailleurs toute la limite des stratégies de négociation basées sur une intense préparation. La préparation est essentielle, mais elle limite les enjeux. Elle pousse celui qui se prépare à vouloir cadrer trop précisément sa négociation dans ce qui a été prévu. Elle essaie de cuisiner un gâteau dans les limites du moule prévu. Se préparer est important, mais se mettre dans une attitude de cuisinier voulant obtenir le plus gros gâteau possible est essentiel. « A force de vouloir rentrer dans le moule, on devient tarte » dit la blague populaire. Se préparer pour exiger que le gâteau ne sorte pas du moule, c'est une attitude très limitante.

Disons que l'erreur du débutant est de ne pas se préparer, de ne pas connaître ses objectifs et ne pas anticiper. Mais l'erreur du négociateur moyen est de trop de se préparer, de trop connaitre ses objectifs et d'investir toute sa concentration et son énergie psychique dans la conquête de ses objectifs. Prendre une attitude de coach en solution permet de se décentrer, d'ajouter de la maîtrise et de l'efficacité à la négociation.

Nous recommandons donc de prendre une attitude de coach en solution. C'est-à-dire de s'imaginer que la solution est à construire à deux. De se dire : *« j'arrive avec ma vision, l'autre aussi, comment va-t-on faire pour faire naître la solution à deux »*. Nous avons chacun des ingrédients pour ce fameux gâteau, comment nous mettre d'accord pour les mettre au bon endroit et selon la bonne recette.

Une autre image pourrait être celle de deux personnes perdues qui se trouvent sur un radeau au milieu de la mer. Ils peuvent se disputer, se battre ou se tuer à partager ce qui reste de nourriture, ou l'un peut pagayer pour avancer pendant que l'autre pêche des poissons pour se nourrir. La négociation est ce processus qui permet d'arriver à ce partage non égal mais satisfaisant au global, par un accord des deux parties. L'attitude du coach en solution est de faire naitre dans l'esprit des deux parties l'attitude qui permettra d'arriver à cet accord.

Le coach en solution va trouver dans la discussion, dans les positions de l'autre, les arguments pour convaincre d'avancer. Le coach est responsable de la dynamique. Il est concentré sur cette dynamique et essaie de faire avancer la discussion vers une solution efficace. Le coach est déterminé à aboutir, il est investi dans la négociation. Il est conscient de ses propres objectifs.

La première conséquence de se positionner comme coach en solution est d'incarner une position d'ouverture. De poser des questions. On ne gagne pas en s'opposant, en argumentant, mais en interrogeant, en se mettant à la place de l'autre : « pourquoi est-ce que vous voulez cela ? » est sans doute la question la plus importante d'une négociation. On gagne avec son attitude intérieure de résolution et ni par son agressivité, ni par son intransigeance, ni par la force des arguments, mais on gagne en gérant la relation. Le coach essaie de comprendre la personne en face, il essaie de bâtir une relation de confiance, où l'altérité est comprise et acceptée.

D'autre part, cette attitude permet de ne pas accepter l'esprit critique de l'autre comme une attaque, mais comme une opportunité de construire. *« Nous avons une lecture différente des faits »*, *« nous analysons ces faits différemment »,* un coach en solution utilise le vocabulaire de conciliation. *« Je suis d'accord avec cette partie, toutefois je voudrais interroger les principes qui vous mènent à dire cela ».* Grace à une attitude coach en solution, on ne se laisse pas facilement influencer. On n'est pas dans une attitude de réaction à l'autre, on reste dans son propre cadre, qui est celui qui fait naitre les solutions les meilleures. Le coach est empathique, il se doit d'être le plus serein possible, pour ne pas créer un appel d'air aux jeux de pouvoir.

L'attitude du coach en solution est d'essayer de construire ensemble une solution pragmatique. « C'est très intéressant ce que vous proposez, je voudrais aller au-delà et proposer ceci ». Il se tient tenace face aux difficultés, sa ténacité s'exprime dans sa volonté de tenir le processus et pas dans ses objectifs fixes. Le but est de détruire le mur qui entoure la solution parfaite par la discussion engagée et empathique.

Les objectifs

Tous les auteurs de méthodes de négociation insistent sur le rôle essentiel de la préparation. Pour les négociateurs d'Harvard, elle est d'égale importance à la discussion elle-même.

Il est clair que sans objectif, on n'obtient pas de résultat. Si l'on conduit un bateau sur un océan, on aura beau mettre le moteur au maximum, il sera difficile de prévoir ou l'on accostera. La négociation est précisément un exercice ou l'on veut arriver à un résultat. *« Je veux obtenir une augmentation, je veux vendre un produit, je veux convaincre cette personne du bien-fondé de mes vues »*. La négociation n'est pas un brainstorming de créativité.

Un négociateur excellent est conscient de ses objectifs, il essaie de rester concentré et clair sur ceux-ci. Les objectifs sont un guide pour maîtriser la négociation. Mais comment rester l'esprit clair avec tous les perturbateurs de la négociation ?

Un consultant était appelé pour organiser une recommandation stratégique dans une entreprise industrielle de la métallurgie qui était en mauvaise posture. Il demanda à rencontrer seul à seul chacun des membres du comité de direction. Après deux semaines de réunions, il put dire qu'il avait recueilli quatorze objectifs principaux pour l'entreprise. Et certains se contredisaient. Il n'était pas très étonné de la mauvaise posture de l'entreprise. Poursuivre des objectifs contradictoires, c'est la certitude d'arriver nulle part. Construire une vision unique avec des objectifs clairs et précis est donc une activité difficile.

Toutefois les objectifs qu'on se donne ne peuvent être ultraprécis, puisqu'ils dépendent de la négociation. *« Je veux obtenir une augmentation, mais d'une valeur raisonnable »*, *« je veux vendre mon produit, mais avec un prix final à négocier ».* Il y a forcément du flou.

Les objectifs d'une négociation sont d'ailleurs souvent paradoxaux. *« Je veux vendre au plus haut prix et ne pas perdre mon client. »* Je veux vendre et je veux garder la relation. C'est toute la difficulté de la négociation, « je veux vendre mon produit et je suis prêt à baisser mon prix, mais je veux conserver ma marge. » Comment agir dans le paradoxe des objectifs contradictoires ?

Une attitude possible est d'abord celle d'être totalement concentré sur les objectifs, qu'on s'est donné précisément. Pendant la négociation, on évacue alors tous les arguments, les faits, les autres idées qui ne rapprochent pas de l'objectif défini au départ. Cette attitude risque de tourner à la rigidité. On perd sa flexibilité et on ne voit pas de solution possible qui finirait la négociation en beauté. Le négociateur excellent définira évidemment ses objectifs avec un peu de flou. *« Je veux une augmentation et je sais que je peux obtenir entre 2000 et 5000€ par an ».* Quelle est la part du flou et du précis et comment la déterminer ?

Dans une négociation complexe, on arrive à la table avec des objectifs en plus grand nombre. *« Je veux signer avec ce partenaire, je veux qu'il distribue mes produits en Asie, avec une bonne marge, en respectant ma propriété intellectuelle, sans distribuer également mes concurrents ou alors avec des clauses contractuelles précises, etc. »* Comment doit-on agir dans ces cas complexes ?

Psychologiquement, il est essentiel d'avoir un ou des objectifs précis. C'est le phénomène de l'ancrage. Une négociation complexe, mâtinée de jeux de pouvoir et avec de grands enjeux psychologiques porte le risque de voir les protagonistes ballotés entre des situations différentes ou opposées, de tourner en rond, de faire des concessions sur des sujets annexes, mais de ne pas arriver à cerner l'objet de la négociation.

On crée inconsciemment des stratégies d'évitement pour ne pas affronter la situation anxiogène du risque de perdre l'essentiel. *« Je vais plutôt parler des délais de livraison plutôt que de parler du prix, car c'est le sujet principal, et cela m'angoisse »*. La procrastination est un des éléments perturbateurs, qui nait dans le flou des objectifs indéfinis.

D'autre part, si une des parties arrive avec des objectifs très précis et l'autre reste assez flou sur ce qu'il veut obtenir, il est quasi-certain que les premiers vont arriver à sortir quelque chose et l'autre d'en sortir frustré et malheureux, ce qui n'est le meilleur scénario pour personne.

Se fixer des objectifs permet donc l'ancrage. C'est un guide pendant les discussions, on élimine les discussions latérales, on fait des concessions sur des sujets annexes, car on est fort de la conscience des objectifs que l'on veut atteindre, bien ancrés dans son esprit.

« Je veux une augmentation et mon manager me parle de mes arrivées tardives du matin. Très bien, je le rassure et m'engage à arriver à 9h00 pile, et j'obtiens mon augmentation. Mon collègue lui tient à sa liberté d'arriver plus tard, son augmentation n'arrivera pas. » Chacun est satisfait. Car chaque objectif principal est atteint.

Idéalement une négociation permet à chacun d'arriver à ses objectifs. L'un veut acquérir un nouvel outil professionnel, l'autre veut vendre à un prix au-dessus du plancher. L'acheteur et le vendeur trouvent un fonctionnement qui permet à chacun d'être satisfait.

Le premier obstacle, ou la première opportunité, sont les objectifs psychologiques que portent les négociateurs. Un livre sur la psychologie de la négociation ne pourrait passer à côté. Ces objectifs naissent des besoins immenses émotionnels que nous portons. *« Je veux avoir raison, je veux être reconnu comme sérieux, je veux être rassuré, j'ai peur qu'on me déteste, etc.* » Moins la négociation est cruciale, plus ils sont présents. Plus la négociation est proche de la vie quotidienne, plus on les voit. Les jeux d'ego sont moins prégnants lorsqu'on discute d'un contrat de vente de cinquante avions que lorsqu'on essaie d'obtenir un rabais sur le prix d'une nuit d'hôtel. Les jeux psychologiques sont toujours présents, car les besoins psychologiques classiques le sont.

Ces besoins procèdent des questions d'ego. *« Je veux être reconnu comme le chef, je veux qu'on m'apprécie, je veux qu'on me reconnaisse telle ou telle valeur ».* Si votre manager, ou votre client, a besoin de raconter pendant des heures combien il est important, tout ce qui prouve qu'il est quelqu'un qui compte, c'est son objectif psychologique. Combien d'heures perdues avec des négociateurs qui ont tant besoin de parler d'eux pour se rassurer ?

La négociation est un échange de produits, d'argent mais aussi de symboles. Le fond d'une négociation, c'est de donner à l'autre ce qui ne vous coute pas grand-chose pour lui prendre quelque chose qui compte pour vous. Si reconnaître à l'autre qu'il est grand, beau et fort vous permet de mettre la main sur quelque chose que vous désirez, pourquoi hésiter ?

Pour progresser en négociation, il faut donc taire en nous ce type de besoins, ses besoins d'ego, l'attitude idéale est de tenter de se tenir modeste et concentré. Chaque mouvement de l'esprit vers des besoins psychologiques personnels fait baisser la force des objectifs rationnels que l'on se donne. La force intérieure qui nous anime se divise au nombre des objectifs psychologiques que l'on se donne.

Taire en soi ses besoins d'ego, c'est un exercice difficile mais nécessaire pour progresser rapidement en négociation. Combien de discussion avons-nous vu entendu un cadre supérieur chercher à se mettre en valeur, montrer sa position et dire en litanie : regarder comme je suis important car je mène cette négociation. Il la mène mais il la perd et ne rentre chez lui qu'avec la seule satisfaction d'avoir montré à l'autre qui il était.

D'autres en négociation ont des besoins personnels *« je vais discuter avec lui pour lui montrer qui je suis »*. Ah bon, et pourquoi ? Et puis se dire *« je veux que l'autre pense que »*, c'est donner beaucoup de pouvoir à quelqu'un qu'on ne maîtrise pas.

En tant que négociateur excellent, il faut penser que les objectifs psychologiques que l'on porte sont aussi présents de l'autre côté. Pour se répéter : si l'autre a besoin qu'on lui dise qu'il est grand, beau et fort pour qu'il nous donne ce que vous voulez, pourquoi hésiter ? Les mots sont gratuits.

Evidemment les objectifs psychologiques ne sont pas simplement des mouvements d'ego. Chacun arrive à la table de la négociation porteur de son environnement. Je peux subir des pressions de ma hiérarchie, je ressens des angoisses indéfinies, je me sens mal si je dois rediscuter avec quelqu'un avec qui j'ai eu des ennuis, etc.

Se concentrer sur des objectifs quantitatifs, simples, organisés, factuels est la meilleure méthode pour taire en soi toutes ces perturbations. Se tenir dépassionné, essayer lors de la préparation de la négociation de ne pas laisser venir en soi tous ces éléments. Être concentré sur ses objectifs permet de réduire la machine émotionnelle si puissante qui nous anime.

Être coach en solution permet aussi de sortir de soi, de ne pas être centré sur ses objectifs psychologiques personnels mais d'imaginer un accord, de se voir serrant la main de l'autre partie avec chacun un grand sourire sincère d'un bon accord. Essayer de faire émerger une solution gagnante pour faire taire ses besoins d'ego, et ceux de l'autre.

Concentré sur ses besoins psychologiques, on risque fort de se retrouver comme un officier gardant la colline contre les assauts des adversaires. Les guerres de position ne permettent pas de trouver une solution gagnante. Il vaut mieux être dans l'attitude d'un marchand de tapis, qui discute, discute, discute des heures pour trouver une solution.

La grande question autour de la définition de ses objectifs est celle de leur précision, de leur niveau de détails et de leur organisation.

Je sais que je veux obtenir de la part de cette personne un accord sur un contrat portant la vente d'un outil industriel. Je sais que les questions qui vont être posés sont nombreuses et j'ai une idée plus ou moins claire des étapes à franchir : faire accepter les caractéristiques techniques, même imparfaites, de ce nouvel outil, négocier une adaptation particulière avec un certain prix, décider des responsabilités de chacun pour exécuter cette adaptation. Je trace dans ma tête une carte, un chemin : je pressens les différentes étapes de cette négociation, ainsi que les éléments à négocier : le prix, la livraison, l'installation, les délais d'adaptation. Pourtant il reste difficile d'avoir une idée factuelle précise pour chacun d'eux. Ils sont interdépendants. Si le prix est élevé, j'arriverai à convaincre mon bureau d'étude de prioriser ce dossier, s'il n'y a aucune urgence de livraison, ça facilitera une réduction des frais.

Définir des objectifs précis risque d'ailleurs de fermer les possibilités. Si mon directeur exige d'avoir un bon de commande rapidement, alors je serai plus souple sur le prix car mon objectif sera double.

Quand on n'a pas d'objectifs précis, on doit se placer en phase exploratoire : j'écoute, je prends des notes mentales, je pose des questions comme si je faisais des recherches pour écrire un livre sur le sujet dont on parle. J'imagine déjà le plan de ce livre, ou bien les illustrations, ou bien je m'entends faire une conférence sur le sujet dont on est en train de parler. Ce travail mental nous met dans le bon état d'écoute.

On peut noter un ou deux grands objectifs en bas d'une page, la situation en haut d'une page, et essayer de remplir le blanc en traçant des étapes. Notre cerveau fonctionne comme cela. Il remplit les trous de ce qui est présent. La recherche de cohérence permet de faire des sauts rapides et de remplir ces blancs.

Les objectifs que l'on se donne sont donc extrêmement structurants de la discussion à venir. La préparation permet de faire le tri entre les objectifs principaux et les objectifs secondaires.

C'est un travail extrêmement important : distinguer ce qu'on veut absolument obtenir de ce qu'on aimerait obtenir. Beaucoup de négociations sont perçues par les protagonistes comme déséquilibrée. *« Je ne suis pas en position de force ». « Je veux absolument vendre à mon client et lui a le choix de plusieurs fournisseurs », « j'ai besoin de cet investissement financier sinon je vais fermer boutique et mon investisseur n'est pas pressé ».*

On peut éclairer ces questions à la lumière des objectifs. Il m'est très difficile de choisir entre deux options désagréables, je me contrains donc à projeter dans l'autre partie les contraintes qui sont sur moi. *« Je veux vendre immédiatement, à un prix élevé », « je veux signer avec cet investisseur maintenant et rapidement ».* Je me mets dans une position ou l'autre a plus de pouvoir, puisque quoi qu'il me donne, je ne me sentirai pas satisfait, car je désire des choses contradictoires. Enoncer que l'autre a plus de pouvoir que moi me positionne en situation de faiblesse, de dépendance, de Victime. Je veux obtenir plusieurs objectifs : ce que l'autre partie possède et en même temps, ne pas remettre en cause ma situation. Je veux en réalité deux objectifs contradictoires : obtenir le sujet officiel de la négociation et dans le même temps bénéficier d'un avantage psychologique, du type « ne pas remettre en cause mes objectifs divergents. »

La préparation permet donc de faire le deuil du rêve de superpuissance : « je vais tout obtenir et je ne vais rien donner ». Faire le point sur ses objectifs est un exercice de retour à la réalité. Il est souvent difficile à faire, il est nécessaire de se préparer à toute négociation en étant clair sur ses objectifs factuels « je veux obtenir une réduction d'au moins 10% », et sur ses objectifs personnels « je suis prêt à prendre le temps qu'il faudra ». Mais puisque les énergies qui nous traversent nous sont souvent inconscientes, il faut se préparer, de peur de se retrouver avec une émotion négative infructueuse pendant les discussions. Ces objectifs différents et inconciliables, car s'appuyant sur des désirs contradictoires, sont une source très importante de difficulté et d'échec de négociation.

Le défi avec la définition des objectifs est qu'ils dépendent de l'autre partie. Ce que je peux obtenir dépend de l'autre, par définition. Donc si je me fixe des objectifs précis, ils deviennent ce que je dois obtenir et je me mets à y tenir plus que tout et la négociation s'arrête, en même temps, si mes objectifs sont flous, adaptables, alors je vais me laisser emporter dans la négociation et je ne vais pas obtenir ce que je veux. C'est une des nombreuses complexités de la négociation.

Nos objectifs sont donc complexes, de nature différente, ils se mélangent et s'influencent. Et pourtant être clair sur ses objectifs est essentiel.

Pour clarifier des objectifs réalisables, une technique peut consister à les décrire de façon concrète et factuelle : sur un papier, sur un tableau en réunion, avec des stickers colorés. Puis il faut se délaisser de ses objectifs secondaires, de ses objectifs psychologiques.

Se tenir dépassionné pour ne pas se laisser entraîner dans une spirale de recherche personnelle est une excellente attitude. Il faut dépersonnaliser. La négociation est un processus entre deux personnes, deux groupes d'égale importance, il faut laisser son ego au vestiaire. Ecrire sa Batna peut aider à faciliter la description de ses objectifs et ne pas se laisser emporter par ses jeux d'ego.

Mais les objectifs peuvent aussi être une nouvelle source de gains. En les imaginant dynamiques, on peut les redéfinir pendant la négociation.

Elodie exerçait le métier de chef de projet depuis déjà trois ans, elle avait de bons résultats. Son entretien annuel approchait et elle tenait à obtenir une augmentation, en sachant qu'elle avait pris ce poste avec un salaire plutôt bas et qu'il n'avait pas évolué depuis. Lors de son entretien, elle a présenté ses arguments et fait ses demandes. Son manager lui demanda quelques jours pour discuter en interne de cette augmentation. A la réunion suivante, son manager lui proposa de prendre un autre poste, plus important dans l'organisation, avec le nouveau salaire qu'elle désirait au départ. Ce gain n'était pas prévisible, ce ne pouvait pas être un objectif préparé.

Définir des objectifs précis est donc essentiel, car ils agissent comme une ancre dans une discussion complexe et passionnée, mais ils sont porteurs de leur propre limite. Des objectifs précis limitent le champ des possibles en fixant le cadre. Pour sublimer cette contradiction, le coach en solution reste flexible et doit voir dans les objectifs une aide, une idée, une possibilité, tout en restant ouvert à d'autres possibilités.

Maîtriser le feu émotionnel

Si une grande partie d'une négociation se passe dans le monde rationnel, les facteurs perturbant les négociations viennent de ce monde obscur, incompris et dangereux que sont les émotions, les motivations, l'inconscient.

Beaucoup de publications sur la négociation se concentrent sur les aspects rationnels de la négociation, car il est commun de fuir ces questions émotionnelles qu'on ne peut pas résumer comme une liste de tâches et de principes.

Le lecteur sera d'ailleurs peut-être frustré de ne pas trouver dans ce livre des listes de principes à appliquer, de tableaux de recommandations et de recettes à appliquer. C'est que ces listes de principes s'adressent au rationnel, au cortex préfrontal. Il est d'ailleurs très amusant de voir des livres parlant de Quotient Emotionnel, de leadership et de management humain remplit d'ordre, de principes et de classification. Ce livre aurait pu s'appeler « les 7 principes pour gagner toute négociation ». Mais croire qu'une liste ordonnée, caractérisée, finie et inviolable suffit à tout maîtriser est une illusion de notre cerveau ultra-rationnel, basée sur une anxiété de ne pas contrôler. *« Avec 7 principes, je vais facilement maitriser cette technique »*. C'est une tentation que ce livre essaie d'éviter. Le monde des émotions ne peut se résumer à une liste dans un tableur ou à un algorithme. La solution pour réussir ses négociations n'est pas d'appliquer un schéma, mais de dessiner ce schéma à deux, avec l'autre partie.

On pourrait donc choisir d'ignorer les aspects émotionnels et de conseiller au négociateur de se tenir dépassionné. Mais comment être dépassionné quand mon partenaire se met en colère, quand on ne m'accorde pas d'augmentation malgré mes résultats et mon travail, quand tous mes clients refusent ma nouvelle offre, quand ma partenaire de vie refuse de partir en week-end chez ma mère. La passion est l'essence de la vie, non ? Une discussion sans enjeux n'est qu'un calcul ou un acte social sans importance, tout ce qui est important porte un enjeu pour les protagonistes et tout enjeu met en œuvre des émotions fortes dans nos cerveaux d'animaux sociaux.

Il faut donc essayer de comprendre et d'agir sur ce monde ou le Quotient Emotionnel compte plus que le Quotient Intellectuel pour réussir.

Le négociateur excellent doit maîtriser ses émotions, ainsi que celles de son adversaire/partenaire. Maîtriser c'est les comprendre, les laisser agir dans un espace bien défini qui est à construire, c'est les prendre en compte, savoir qu'elles sont là et s'en servir comme le flux d'une rivière sert le rafting.

La première « émotion » est la volonté d'aboutir. Quelqu'un qui n'aurait pas la volonté de négocier, qui se moquerait du résultat n'entrerait pas en négociation. Le besoin qui procède à l'ouverture des négociations est la première émotion possible. Une des premières questions que l'on se pose sur l'autre est « qu'est-ce qu'il veut ? ». Cette question amène-t-elle uniquement des réponses rationnelles ?

La première émotion nait donc de l'objectif de la négociation *« je veux obtenir quelque chose »*. Ce quelque chose peut être très rationnel. Par exemple *« je veux vendre 10 unités de mon produit avec une marge de 30% »*, ce quelque chose peut aussi être très émotionnel *« je veux une augmentation, car je veux être reconnu dans cette entreprise par mes efforts et mes résultats »*. Mais dans la phrase *« je veux obtenir quelque chose »*, l'émotion première est le « je veux ». Or, on ne peut quantifier, mesurer et donc on ne peut pas discuter rationnellement ce « je veux ». On peut influencer, manipuler pour faire passer le « je veux ceci », à « je veux cela », et c'est bien tout le but d'une négociation, faire changer le cadre du désir. Mais la volonté d'aboutir ne se négocie pas. Elle est primordiale. La vie émotionnelle des acteurs est donc le moteur des discussions et la volonté d'aboutir le carburant. Sans émotion, il n'y a pas de négociation, il y a un calcul mathématique.

Au-dessus de cette énergie fondamentale viennent se greffer les autres émotions primordiales : la peur et l'envie notamment. Et toutes les constructions psychologiques possibles : la peur de l'échec, le renoncement face aux difficultés, le désir de manipuler, la colère face aux blocages.

Ces émotions sont le terreau où faire naître une solution négociée acceptable. On ne sort gagnant à deux que si la dimension émotionnelle est prise en compte. Ces émotions sont le moteur, mais elles ont toutefois la particularité d'être capables de renverser le navire ou de le faire échouer sur une plage déserte.

« *Je discutais du prix mais je me suis emporté devant ses remarques idiotes, je lui ai dit ses quatre vérités, il m'a bien entendu celui-là* ». L'objectif personnel psychologique caché est atteint : j'ai exprimé ma colère, j'ai montré ma limite et je me suis défendu, par ma colère. Ai-je gagné quelque chose de précis ? Ai-je réussi à vendre mon produit ?

Les émotions font chavirer. Il faut donc tenter de se tenir dépassionné, pour utiliser son énergie psychique à conduire la barque, à surveiller le processus et éviter d'être emporté par les vagues émotionnelles.

Il faut aussi tenter de dépassionner l'autre. Un vrai défi. On a vu les principaux écueils, le goût des jeux de pouvoirs, les réflexes inutiles, le couple peur/confiance qui régit la majeure partie des états émotionnels des parties. Le rôle du négociateur excellent, du coach en solution, est donc de ramener le fil de la discussion dans une zone où on peut avancer avec confiance, en faisant baisser le niveau perçu de risque.

Imaginons une situation ou le scenario de la négociation aboutit à un scénario de type court terme / long terme. « Je vais donner quelque chose à court terme – en ayant un sentiment de perte - pour gagner quelque chose de plus grand à long terme ». C'est très difficile à accepter. Dans les cas les plus simples, en négociation commerciale, c'est très classique : je donne une réduction de prix pour conquérir un client et obtenir des commandes récurrentes. Mais la situation est toujours plus compliquée. Imaginons un manager qui s'engage à me donner une augmentation l'année prochaine à la suite d'un engagement de travailler plus et d'aboutir à un résultat ambitieux précis. *« Ai-je confiance dans ce long-terme ? Est-ce un engagement ferme ou une promesse en l'air ? »* Mon niveau de confiance dans les propositions qui me sont faites sera le facteur le plus important dans mon accord.

Mais imaginons-nous dans le cas inverse. J'ai besoin d'assurer mon partenaire que mes engagements de long terme sont certains. Je lui demande de me donner quelque chose maintenant que je lui rendrai au décuple dans deux ans. J'ai besoin d'installer de la confiance pour faire accepter cette situation dangereuse. Seule une parfaite relation est susceptible d'aboutir à un accord formel. Plus le long terme est lointain, plus incertain est la conséquence positive de cette décision. Il convient donc de rassurer, de créer la confiance pour rendre plus certain la conséquence de long terme.

La maîtrise des émotions en soi est nécessaire pour conduire le bateau dans le chenal complexe qui aboutit à un accord. Maitriser les émotions autour de soi est capital.

Trop de peur, trop d'ego, trop d'investissement émotionnel et le risque est immense d'aboutir à une situation de blocage, d'incompréhension entre les parties. Pas assez d'émotion et nous voilà sans ambition à chercher la solution la plus simple mais certainement pas la plus désirable.

En tant que coach en solution, nous devons nous tenir dans une attitude positive. « Il y a toujours une solution » est le mantra à se répéter. Dans les cours de vente, on enseigne toujours « Assume the sales », c'est-à-dire que le vendeur doit se tenir persuadé que la vente est possible et continuer à essayer tant qu'elle n'est pas là. C'est une attitude qui convient dans la vente. Se dire que la vente est toujours possible, c'est penser que les objections du client sont toujours discutables, qu'une solution est toujours envisageable, qu'il ne faut jamais fermer la porte. En négociation, l'objectif est moins précis et plus divers que d'obtenir un achat, mais l'idée reste la même. « Assume the agreement », pourrait-on dire. L'attitude est de rester concentré quelles que soient les sollicitations émotionnelles que l'on reçoit, en cherchant la solution pour avancer dans des accords partiels.

Quand l'autre partie décharge un trop plein d'émotions négatives, il faut savoir sortir du cadre. L'autre partie peut être enfermée dans une citadelle imprenable d'où rien ne sort. Il faut l'accompagner au dehors *« Je comprends que vous ayez des doutes »*, *« Je crois que nous sommes dans un blocage »*, *« je suis sûr que nous pouvons trouver une solution »*. La présence des émotions doit être vu comme une opportunité d'avancer dans la négociation. L'autre partie n'est ni un patient, ni un ennemi, il a juste le droit d'être coincé dans un coin du ring d'où il faut l'aider à sortir. Les jeux de pouvoir, on l'a vu, sont fils de la peur et du risque. Face à toute parole d'autorité, le mieux est d'essayer de faire baisser le niveau de risque perçu.

Parfois les négociations se rompent, la trappe à émotion négative a avalé tous les optimismes. Les protagonistes se séparent sur un constat de blocage *« je crois qu'on n'y arrivera pas »*, *« Ecoutez je crois que nous ne pouvons plus parler »*. Mais le fait est qu'on ne rompt pas une négociation parce que quelqu'un a fait une proposition impossible, mais parce qu'on croit qu'on n'est pas écouté, parce qu'on croit qu'il n'y a pas de solution, parce que tous les horizons sont fermés.

Le négociateur excellent évitera comme la peste les trappes à émotions négatives, ces moments où on s'invective pour savoir qui est l'idiot de qui. Il faut toujours chercher un accord, quelles que soient sa taille. « Assume the agreement ».

Se tenir dépassionné

La solution est donc simple face au feu émotionnel, il faut se tenir dépassionné. Simple mais si difficile à mettre en œuvre.

L'objectif de sa propre préparation psychologique est de faire taire les peurs et de gagner en confiance. Tous les exercices classiques de thérapie comportementale sont efficaces pour pouvoir entrer en négociation dans le bon état d'esprit.

Les ouvrages sur la négociation insistent tous sur l'importance de la préparation. Bien préparer ses arguments, ses données, ses références est évidemment essentiel pour convaincre, nous le reverrons plus tard, mais le négociateur avisé doit d'abord être prêt psychologiquement.

Cette préparation des éléments rationnels permet évidemment de mettre à distance l'anxiété créée par l'enjeu. L'idée de la Batna est très intéressante. Batna pour « Best Alternative to Non-Agreement », la meilleure alternative en cas de désaccord. Imaginer ce qui se passerait si aucun accord n'était atteint, imaginer les conséquences de ce non-accord et surtout accepter par avance cette possibilité donne une grande force. Car alors on ne sera pas porteur de cette anxiété pendant les phases de discussion. Ce qui fait peur, ce qui est anxiogène, c'est l'inconnu, le recoin sombre des possibles. Si notre cerveau a imaginé sereinement un état possible, même s'il n'est pas fameux, il est plus fort lorsque le choix se présente.

« Soit vous choisissez ma solution, soit c'est le chaos. » si ce chaos a été envisagé, analysé, décortiqué, il devient acceptable, et donc les solutions dichotomiques bien/mal deviennent caduques. Et le négociateur excellent est prêt à rebondir hors de cette dichotomie et peut proposer des idées innovantes.

Face à l'enjeu d'une négociation, le pire serait de commencer à discuter en se disant *« si je n'aboutis pas, alors ce sera terrible »*. Ce n'est pas le pire parce que cela donnera du pouvoir à l'autre partie. C'est parce qu'en étant déstabilisé par ce risque, je vais transformer mon objectif de *« je veux atteindre un accord sur ces sujets »*, à *« je veux atteindre un accord à tout prix »*. A tout prix veut dire au prix de concessions que j'aurais préférées ne pas devoir faire. Ce n'est pas parce que l'autre partie possède plus de pouvoir que je fais des concessions, c'est que je suis moins capable de comprendre que mes objectifs rationnels ont de la valeur, tout engourdi que je suis par mon anxiété. En me disant que je dois aboutir à un accord « *à tout prix* », je donne de la valeur à un accord quel qu'il soit, plutôt qu'à mes propres enjeux dans la négociation.

Imaginer le plus précisément possible quelles seraient les conséquences d'un non-accord me permet, pendant la discussion, de me tenir balancé entre ces deux états : Etat 1, ce qui se passerait si j'acceptais le scenario actuel contre Etat 2, ce qui se passerait si nous arrêtions de discuter. Notre esprit évalue, compare, mesure, en permanence. L'évaluation interne de ces deux états, de ces deux scenarios n'est possible que s'ils sont tous les deux aussi précis, détaillé, présent dans l'esprit.

En l'absence de scénario alternatif, ce n'est pas que l'autre partie soit en position de force, c'est que dans mon esprit est présent un Etat 1, décrit par la discussion et un Etat 2, sombre, flou et rempli d'anxiété. L'esprit humain ne va pas essayer de combler les trous entre ces deux Etats, de manière posée, mesurée et tranquille, mais il va tenter d'échapper à l'Etat 2 douloureux et anxiogène et donc accepter tout Etat 1, à n'importe quelle condition. C'est bien dans la représentation psychologique des possibles que se joue la capacité à « résister » aux arguments de l'autre. C'est parce que je suis en capacité à tout moment d'évaluer les propositions qui me sont faites que je dirige la négociation et ne me laisse pas dicter par le feu émotionnel.

La préparation d'une négociation n'est pas un entrainement à la bataille contre l'autre, en essayant de résister aux opérations d'autorité, mais plutôt un entrainement de son cerveau à imaginer des scénarios possibles, afin d'être capable de les évaluer le mieux possible dans le fil de la discussion, et de bâtir une solution sur ces scénarios.

Venir à la table des négociations en se disant qu'on risque de tout perdre et en s'ajoutant des pressions, n'est jamais productif. Il est très commun de croire que plus de choses s'obtiennent avec plus de pression, comme si nous étions des animaux à cravacher pour faire avancer. Mais ce cadre d'analyse est très restreint et ne fonctionne que dans des cas très particulier. Un directeur commercial qui appellerait son équipe en expliquant qu'ils doivent absolument obtenir ceci et cela des clients sous peine de sanction, créerait lui-même ses échecs, chacun de ses collaborateurs arrivant tendu, stressé, fermé devant ses clients. Mais la tentation du recours à l'autorité est tellement grande, le feedback qu'on reçoit est immédiat et cinq mille ans de civilisations basées sur l'autorité ne s'effacent pas rapidement.

Il faut donc se tenir dépassionné pour être capable de maîtriser le processus de négociation. Nous aimerions tellement qu'il y ait une recette miracle à imiter pour adopter la bonne attitude et la conserver. Mais l'esprit humain est retord, il a tendance à repasser toujours par les mêmes habitudes. Et il n'y a aucune recette unique pour progresser sur sa capacité à rester dépassionné. L'esprit reste plastique et peut s'améliorer au fil du temps et des expériences.

Les règles que l'on peut évoquer sont de se tenir dépassionné en se préparant, en préparant ses arguments, en essayant de prendre du recul. Bien se connaître est essentiel et rejouer les négociations ratées est un réflexe à prendre : quels ont été mes modes de réaction face à telle ou telle situation, peuvent-ils être différents ? Essayer de comprendre et de lister les enjeux émotionnels de chaque partie pour ne pas être pris au dépourvu. Se tenir dépassionné en jouant le jeu de James Bond qui n'a jamais peur. Se préparer en groupe en répétant les moments difficiles, préparer des mémos. Il n'y a pas de recette miracle, juste des outils que chacun doit inventer à sa mesure.

L'objectif est de maîtriser les émotions, en l'absence de recette miracle, le guide d'action serait : bâtir la confiance, faire réduire le risque perçu, laisser son ego au vestiaire et être patient pour avancer à petit pas.

Résister aux jeux d'autorité

Nous avons analysé précédemment les jeux d'autorité, les jeux de pouvoir. Ils sont extrêmement fréquents. Le rapport de force, la position dominant-dominé, le triangle de Karpman est encore le cadre d'action de tellement de personnes, qu'il est plus qu'inévitable qu'on les rencontre pendant les négociations.

Il faut donc pouvoir agir avec eux. Dans l'idéal, il serait utile d'avoir des outils pour les utiliser au mieux, non pas en les niant ou en essayant de les minimiser, mais plutôt de les considérer comme une partie de la négociation, comme un moment du processus, afin de les traiter et les éliminer assez simplement.

Nous avons vu que dans la plupart des cas, les jeux de pouvoirs sont inconscients. Les protagonistes pensent agir en fonction de leurs objectifs rationnels et usent de jeux de pouvoir en réaction, poussés par leur tempérament et leurs représentations mentales.

Le manque de confiance, la peur, le sentiment de risque sont les géniteurs des rapports de force. Donc tout simplement, toute action visant à apaiser, à construire de la confiance, à faire diminuer le risque est de nature à faire diminuer le jeu de pouvoir. Des phrases clefs comme « je suis sûr que nous allons trouver une solution », « il y a des points sur lesquels nous sommes en désaccord, mais on va en parler tranquillement », permettent de désamorcer les enjeux, les ressentis pénibles et de diminuer les jeux de pouvoir.

D'autre part, le jeu de pouvoir ne fonctionne qu'à deux. C'est comme une valse. Le Persécuteur a forcément besoin d'une Victime. Si celle-ci ne se laisse pas faire, le Persécuteur doit s'adapter.

Pour donner une image caricaturale, on pourrait imaginer quelqu'un qui entrerait dans une salle de réunion en disant *« C'est moi le patron, je vous dis quoi faire et si vous ne m'obéissez pas, je vous détruirai. »* Évidemment c'est intimidant. Il faut toute sa diplomatie pour pouvoir continuer à discuter et remettre le rapport humain sur un plan d'égalité. Peut-être que quelque chose comme cela marcherait bien : *« Bien sûr que vous êtes le patron et j'ai bien l'intention de faire ce que vous déciderez dans cette négociation, toutefois je ne suis pas au clair sur un ou deux points de ce que vous voulez ».* Désamorcer le jeu de pouvoir, ne pas répliquer, mais botter en touche, recadrer, est ce qu'il y a de plus efficace et toujours ramener la discussion sur un chemin de l'écoute, de la compréhension et des propositions de solutions.

Dans les cas plus classiques de petits jeux d'autorité et de manipulation classique, il faut ne pas accepter le jeu de pouvoir. Souvent nous entendons des gens en formation disant *« si l'autre m'attaque, alors il faut résister ».* Résister à un jeu d'autorité, c'est lui donner réalité, c'est d'une certaine manière le légitimer et l'accepter. C'est imaginer qu'il faut réagir à un jeu de pouvoir, or il convient plutôt de l'ignorer, de le laisser filer sur soi comme un vent légèrement désagréable, comme un caprice d'enfant qui sera vite oublié.

Lorsque ce jeu de pouvoir devient une partie d'une stratégie, lorsqu'il devient clair qu'il est pleinement conscient chez l'autre partie, alors on peut le dénoncer. C'est à dire le rendre implicite, l'évoquer, l'énoncer. Ensuite on fait une demande de règles. « Je vois que vous jouez à essayer de m'impressionner, est-ce que les principes de cette négociation sont de chercher un accord en commun dans la coopération ? ». Le besoin psychologique de cohérence, la volonté d'aboutir, seront des énergies plus fortes dans l'esprit de l'autre partie que de continuer à savoir qui est le patron.

Car au fond la personne qui use et abuse des jeux d'autorité montre sa propre faiblesse. C'est parce qu'elle sait qu'elle n'arrive pas à parler d'égal à égal qu'elle joue les jeux d'autorité. C'est peut-être par paresse ou par habitude, mais rarement par vrai pouvoir. Les gens puissants n'ont pas besoin de faire de jeux d'autorité. Si on recourt au jeu de pouvoir, c'est parce qu'on a l'impression de perdre le contrôle. Les grands leaders de ce monde, les grands patrons, les généraux n'ont pas besoin d'imposer leur autorité. Ils ont l'autorité en eux et sont concentrés sur la marche de leurs projets. Nous pouvons les imiter : tête froide et concentration sur les objectifs à atteindre.

Là encore il vaut mieux essayer de rassurer que de s'opposer ou de courber l'échine. Et tout faire pour augmenter le capital de confiance de la relation humaine qui se crée.

Créer de la confiance

La confiance est clef dans la réalisation d'un accord. Parfois on se tape dans la main, parfois on rédige des tonnes de documents juridiques, mais il n'y a pas d'accord sans la confiance que le contenu de l'accord soit la description des futures étapes, ou en tout cas le chemin le plus probable. On a vu dans la première partie le rôle de la confiance. Dans une négociation, les parties vont présenter des arguments, des propositions. Si je n'ai pas au minimum confiance sur le fait que ces arguments et ces propositions sont sérieusement mis sur la table, alors la négociation repart très loin en arrière.

Les parties vont discuter pour inventer des solutions en commun, elles doivent inventer des scénarios qui sortent du partage du gâteau. Pour cela elles doivent être dans une condition psychologique de relative confiance.

Une négociation est une situation dangereuse, on risque de perdre plus que ce que l'on reçoit. On risque même de repartir avec moins que ce avec quoi on est arrivé. Au milieu d'une négociation, lorsqu'on a échangé, bâti des scénarios, exploré des possibles, les tensions augmentent : peur, anticipation et chacun échafaude des théories sur la motivation de l'autre. Tout cela ne crée pas une atmosphère créative. L'esprit humain en face d'un danger se concentre et essaie de trouver la solution la plus rapide. *« Coupons le gâteau en deux et on n'en parle plus ». « Oui, mais j'avais une recette pour doubler la taille du gâteau »* pourrait dire le négociateur. Travailler dans la confiance est bien plus fructueux.

Il serait bon d'avoir la formule magique pour que la personne en face de moi gagne rapidement en confiance pour avancer. La confiance est une plante qui s'assèche rapidement, il faut très souvent l'arroser pour qu'elle fleurisse.

On doit rassurer, exprimer, expliciter. Les personnes les plus émotionnelles, les plus empathiques vont chercher des micro-signes et les interpréter selon leur schéma propre et vont voir dans un petit geste, un regard traînant, la confirmation de leur a priori. *« Je savais qu'il me cachait quelque chose, par ce qu'il a baissé les yeux quand j'ai donné mon prix »*. Mais dans la plupart des cas, on part avec un capital confiance de départ, car le terrain de jeu est très balisé, la négociation a lieu dans un environnement connu, une réunion régulière, un moment référent. Si je reçois un représentant commercial d'une grande société, je sais à peu près qu'il ne va pas me voler, me faire signer un contrat qu'il n'honorera pas, ou me raconter des boniments incroyables. Le capital confiance que j'ai dans la marque de l'entreprise qu'il représente définit déjà un capital confiance minimum.

Si ce capital est suffisant pour concentrer la discussion sur le contenu de la négociation, alors tant mieux, on s'y concentre, mais forcément à un moment les discussions vont devenir plus tendus, plus complexes, parfois même la confiance peut être abîmée, la discussion est bloquée.

Et les jeux émotionnels d'influence réciproque vont jouer. C'est à ce moment-là qu'il faut doublement agir pour bâtir la confiance. Il faut d'abord rassurer, par son attitude. Afficher une attitude implacable de volonté d'aboutir va agir sur la peur et la confiance de l'autre. Les attitudes s'influencent les unes les autres. Afficher une attitude ouverte d'absolument confiance dans la capacité à trouver une solution permet de lever la plupart des barrières.

Puis il faut chercher à désamorcer les peurs, en les verbalisant : *« qu'est-ce qui vous fait peur », qu'est-ce qui vous embête »,* voire en les proposant *« j'ai peur que tel ou tel aspect vous ennuie ».* En présentant toujours de l'écoute, de la compréhension, on crée une attitude positive. Un coach en solution va jouer de cette attitude dans l'écoute et dans la compréhension, ce qui va faire diminuer la tension et participe à faire réduire le sentiment de risque. Globalement, toute difficulté, toute mécompréhension peut être verbalisée.

Les grands requins n'attaquent jamais de front, ils tournent autour de leur proie pour prendre en compte la situation et voir s'il n'y a pas de danger caché. La plupart des négociateurs vont aussi passer par une phase de test, dans une attitude qui peut être agressive. Ils vont attaquer, se moquer ou rester dans le refus. Mais ce n'est qu'une phase transitoire. Ce test de la confiance ne doit pas déstabiliser le négociateur excellent. C'est d'ailleurs une attitude fructueuse : penser que l'agressivité qu'on reçoit n'est qu'un test pour bâtir une relation de confiance.

La confiance est donc un capital à construire pour aboutir à une solution. Mais il faut éviter le piège du trop bien faire. Tout est une question de balance. Il faut construire la confiance, mais ne pas la réclamer. L'attitude d'un coach est d'induire la bonne attitude, pas de la forcer à tout prix. Quelqu'un qui répèterait *« vous me faites confiance, vous me faites confiance, hein »* va surement dilapider son capital en deux minutes. Être trop proche, développer une attitude intrusive peut être interpréter comme une agression importante. Vouloir à tout prix afficher une attitude détachée peut être interprété comme de la désinvolture. Le jeu est donc serré.

C'est le jeu de l'influence réciproque. L'autre partie essaie de deviner votre intention, elle interprète chacun de vos mouvements de sourcil et elle va réagir à cela. Il faut montrer de la volonté d'aboutir, de construire de la confiance.

La figure de l'homme fort, celui qui ne plie jamais est aussi attirante pour une question de confiance. Cet homme fort affiche une volonté d'airain. On imagine que la volonté d'obtenir ce qu'il veut va rester implacable quels que soient les obstacles qui se présenteront. Ensuite cette figure est rassurante qu'on est capable de prévoir sa réaction, on a confiance dans sa détermination à continuer selon le même schéma. La personne qui change d'avis en permanence est l'objet de plus de critique, on lui fait moins confiance. Le besoin d'anticipation est rassuré par quelqu'un de dur, même si toutes ses prises de position sont désagréables dans ses conséquences pour nous. Notre besoin de confiance est supérieur au besoin du contenu de la négociation.

Pour beaucoup de personnes, garder ses émotions pour soi est une marque de force, arriver à laisser les gens exprimer leurs émotions est donc un défi difficile. Si on entre dans une pièce avec des gens tendus et apeurés, on ne va pas leur dire de but en blanc *« dites-moi ce que vous ressentez »*. S'ouvrir, accepter de se dévoiler et d'exprimer son ressenti et ses causes s'appuie sur une confiance préétablie. Il faut d'abord créer une atmosphère particulière, pour amener l'autre partie à exprimer ses peurs et ses envies, c'est-à-dire ses besoins réels dans la négociation.

Cette atmosphère de coopération est essentielle. Les discussions professionnelles commencent le plus souvent par des « Small talks », des discussions sur la météo ou des petites choses sans importance. Cela sert à créer un degré minimal de lien. Au lieu de montrer les dents comme des animaux territoriaux, on échange des petits cadeaux, ou des petites caresses sociales pour créer cette atmosphère de coopération. On raconte que Benjamin Franklin empruntait des livres avec les gens avec qui il devait négocier. Il forçait la personne à dire oui, à établir un lien, et il faisait tout pour que ce lien perdure, en disant « Je vous rendrai ce livre demain ». La première base de la confiance est le sentiment du lien.

Gérer les émotions reste un travail complexe. Le négociateur est concentré sur ses objectifs, les scénarios qu'il bâtit. Lui demander de gérer les émotions des protagonistes, c'est rajouter un étage à la somme des choses à maitriser. Est-ce possible ?

Le discours même sur les émotions peut être compris comme une manipulation. Il faut entrer prudemment sur ce terrain. Plus les gens sont émotionnels, plus leurs besoins de prise en charge émotionnelle est grand, mais plus ils vont interpréter les propositions sous l'angle de l'émotion. Il faut donc établir les bases de la coopération avant d'essayer de faire exprimer des émotions.

S'adapter à la personne en face

Bien des situations impliquent des personnes avec lesquelles il est difficile de négocier. Sans entrer dans l'extrême du jeu de pouvoir poussé à bout, on peut rencontrer des personnes très froides, très contrôlées, des personnes très émotionnelles. On rencontre surtout beaucoup de gens avec un agenda personnel : *« montrer que je suis quelqu'un qui ne se laisse pas faire », « je ne vais pas répéter les erreurs d'être trop sympa comme la dernière fois »*.

Le point intéressant est que plus l'autre partie est centrée sur l'enjeu de la négociation, moins elle aura en tête des éléments perturbateurs. A contrario, une personne chargée d'émotion aura du mal à se concentrer sur l'objet des discussions. Une personne porteuse d'une charge psychologique l'apportera au sein de la négociation. Un acheteur qui aura des difficultés à se sentir en confiance dans son travail, ou s'il sort d'une réunion avec des nouvelles difficiles, ne sera pas à même de saisir les raffinements logiques d'un commercial sympathique. Il sera tendu et direct.

L'objectif du coach en solution sera alors de recentrer le débat. L'idée n'est pas d'explorer l'origine de la perturbation, car il n'est pas psychologue ni consultant, mais le coach en solution tentera de limiter les enjeux de la discussion à ceux de la négociation. Cette limitation doit passer par l'explicitation des difficultés. « Je comprends que vous ayez telles difficultés, est-ce que vous pouvez m'en dire un peu plus ».

La personne en face peut se trouver dans des états très différents : très froide et très fermée ou très bavarde et émotionnelle, ou tout autre état du moi et de l'humeur. Le coach en solution saura s'adapter, c'est-à-dire essayer d'amener cette personne dans un état central, ou on communique assez facilement, basé sur une relation humaine et une dose de confiance à réaffirmer.

Comprendre la personne en face

La compréhension de l'autre est la clef de l'influence

La négociation est un processus ou l'on discute de l'avenir. Notre cerveau possède cette faculté exceptionnelle d'anticipation qui agit comme un réflexe face à toute pensée sur le futur. Notre capacité à tenter de prévoir ce qui va se passer entre en jeu de manière réflexe dans tout le processus de négociation. Nous voulons à chaque instant prévoir ce qui va se passer. Or une question que nous nous posons souvent est *« quelle sera la réaction de l'autre ? »* Cette anticipation des réactions de l'autre partie est une composante majeure de la négociation. Souvent inconsciemment, nous nous demandons ce que l'autre va faire, dire ou penser. Est-ce que nous analysons cela de manière froide, rationnelle, logique ? Non, bien sûr, notre feu émotionnel va guider ce besoin d'anticipation.

Les mots sont des valises, qui transportent des significations différentes. Ou plutôt les mots sont des poteaux électriques qui relient des grandes centrales électriques que sont nos représentations à des villes complexes que sont nos émotions. Penser qu'un mot va être compris de la même façon de l'autre côté est d'une naïveté confondante. Il faut le répéter encore et toujours : les significations des mots changent entre les personnes. Le mot « Marketing » va vouloir dire publicité à la télé, affiche dans la rue pour quelqu'un ; pour un professionnel, cela va décrire la gestion de ses projets, sa vie professionnelle, alors que pour d'autres c'est le mot valise décrivant une société de consommation qu'on aime peu. Beaucoup de gens passent du temps à discuter de leur différence de compréhension des mots. *« Tu as dit qu'il a bien joué au football, moi je pense que bien jouer c'est mettre des buts et là il n'en a pas mis, donc il ne joue pas bien »*. Discuter du sens des mots est une discussion infinie et toujours renouvelée. Si les mots n'avaient qu'un seul sens précis, alors les contrats juridiques ne seraient pas interprétés par des cours de justice. Leur travail n'est-il pas basé sur une activité autour des significations des mots utilisés dans les clauses de contrat ?

La négociation est un processus essentiellement oral. On ne négocie pas très bien par email. Nous avons besoin des personnes, de leur physique, de leurs émotions qu'on perçoit dans l'interaction physique, nous avons aussi besoin de discuter des mots qui sont utilisées. « Vous me dites que vous livrerez plus rapidement l'année prochaine, que voulez-vous dire par plus rapidement ? ».

Des incompréhensions nombreuses naissent des différences de champ sémantique. Le négociateur excellent passera du temps à discuter du sens des ces mots dès qu'il sent que les différences créent un blocage.

Les incompréhensions sont nombreuses, elles sont même la règle de base. Ici aussi le coach en solution prendra ces incompréhensions comme une opportunité de clarifier. La négociation est une approche itérative et qui se fait par petit pas. Chaque levée d'incompréhension permet de passer au stade suivant. D'ailleurs si on ne sait pas par quel bout prendre la négociation, ou face à un blocage qu'on ne sait pas résoudre, reprendre les mots clefs et discuter de leur interprétation est une possibilité de raviver la discussion. C'est perçu le plus souvent de manière positive, c'est une manière de comprendre l'autre : *« Qu'est-ce que vous avez voulu dire par …».*

Souvent si on nous interrompt au milieu d'une discussion, nous dirons « je sais ce qu'il pense », « je sais ce qu'il ressent ». Nous faisons en permanence des inférences émotionnelles sur la personne en face. C'est-à-dire qu'on imagine des intentions, on plaque sur l'autre des intentions particulières. Plus la tension est forte, plus la négociation possède un enjeu personnel important, plus on va plaquer des intentions fortes sur l'autre. Et dans la plupart des cas des intentions désagréables *« il veut me voler », « il est dur et ne cédera sur rien »*. La tension forte d'une négociation importante va nous pousser à faire des inférences émotionnellement chargées. Et évidemment notre propre état émotionnel va résonner de ces inférences que nous faisons et nous allons entrer en négociation déjà chargé de colère, de peur, de frustration, en projetant tout cela sur la personne en face, avant même qu'elle n'ait commencé à parler.

Le risque est évidemment que les deux parties imaginent des intentions sur l'autre partie et se fourvoient totalement dans cette inférence. Chacun imagine que l'autre a de mauvaises intentions et la négociation est très mal partie, alors que chacun voulait mettre de la bonne volonté au départ. Sans avoir commencé à parler, chacune des parties est persuadée que l'autre veut le voler. Les deux vont passer quelques heures dans une situation bloquée. Mais si on les sépare, elles diront « c'est l'autre qui est inflexible, dure, obtus, moi je suis ouvert et capable de compromis, mais je me méfie d'elle ». Le risque de blocage dû aux inférences peut être la cause de négociation ratée.

La mécompréhension de l'autre partie, basée sur les inférences fatales, conduisent bien des négociations à une situation de blocage.

Même si quelque chose en nous, nous pousse à essayer de deviner ce que l'autre veut, pense ou ressent, rien ne dit que l'on soit capable de deviner avec exactitude les intentions de la personne qui est en face de soi. D'ailleurs, dans la plupart des cas, on se trompe sur les intentions de la personne en face. Il faut donc se garder de ses inférences fatales. Le bon coach en solution restera concentré sur le fait qu'il y a toujours une once de volonté de finaliser un échange gagnant chez la personne en face, quel que soit les feedbacks que l'on reçoit, et qu'il doit tenter de bâtir autour de cette volonté de finaliser.

Un autre écueil très fréquent est non pas d'inférer des états chez l'autre, mais au contraire de ne rien en penser. C'est une erreur très simple et très présente, basée sur une prémisse simple *« l'autre pense comme moi »*. Evidemment, cela est beaucoup plus simple et plus rapide de se baser sur ce fait. Avec cette base de pensée, il est infiniment plus simple de prévoir les réactions, les questions, les phases de la négociation. Evidemment si les humains pensaient tous de la même façon, cela se saurait.

Dans la plupart des cas de la vie réelle, nous sommes confrontés à des interlocuteurs qui ne sont pas des négociateurs aguerris, qui n'ont pas suivi de formation intensive et qui règlent leur négociation à l'instinct. Ces personnes seront extrêmement concentrées sur leurs propres besoins, sur leurs objectifs. Elles sont souvent perdues dans leur réseau de contraintes et ne peuvent pas prendre le temps de comprendre la personne en face. Sans faire d'inférences fatales, ni se croire le centre du monde, beaucoup de gens se concentrent sur leurs objectifs et perdent complètement de vue que l'autre partie possède un fonctionnement, des objectifs et des raisonnements différents.

La bonne attitude

La bonne attitude est de mettre les pieds dans les chaussures de l'autre, comme on dit en anglais. Comprendre le point de vue de l'autre, essayer d'imaginer ce qu'il croit, ce qu'il ressent, comment il voit la négociation. Essayer de deviner la carte qu'il a en face de lui. Essayer de voir le monde avec ses yeux à lui.

Avant d'argumenter, de se défendre ou de pousser ses propositions, la bonne attitude consiste à explorer les représentations et les idées de l'autre partie. C'est un des réflexes que l'on apprend aux jeunes commerciaux : séparer la phase d'exploration des besoins des clients de la phase de proposition. Il est extrêmement tentant de pousser rapidement et fortement ses arguments, on est habité par l'envie de répondre immédiatement à toute proposition, dans ce monde de communications rapides et nombreuses.

Pourtant toutes les méthodes de ventes, de conviction, disent toute la même chose : prendre le temps de séparer la compréhension des besoins du client (de l'autre partie) avant d'essayer de le convaincre (de débattre).

Pour convaincre, pour avancer, pour amener une négociation sur le terrain de la solution, il est absolument nécessaire de comprendre l'autre partie. Pour maîtriser le feu émotionnel, pour guider la négociation sous forme de coaching en solution, la prise en compte des idées de l'autre partie est le point de départ des discussions. Pour certains, il est naturel d'être empathique, il est naturel, intuitif de comprendre la personne en face. Ces empathiques vont s'adapter naturellement à la situation. Pour d'autres, il faudra fournir un effort supplémentaire, mais cela est accessible.

Comprendre en pratique

Tous les auteurs recommandent la préparation et notamment le mapping psychologique. Il y a des traits communs entre les personnes, on peut imaginer des motifs qui se reproduisent. Des matrices classiques existent pour classer, comprendre, analyser comment autrui peut réagir, comme le MBTI, le RIASEC, etc. Ces classements sont intéressants car ils permettent de comprendre que l'autre est autre, que l'autre ne réagit pas comme nous. Ensuite ils donnent des clefs pour distinguer des personnalités plus rationnelles, plus relationnelles, ou met en avant dans son fonctionnement son attachement à des valeurs ou des prémisses particulières. Toutefois classer les personnalités en huit ou douze types différents a de fortes limites. L'humain est plus complexe et divers que douze types décrits statiquement. Si nous essayons de faire entrer toute personnalité dans une case déterminée, nous limitons notre appréciation de la complexité du réel.

Pour se préparer, il faut rassembler les données que l'on possède. Qui est cette personne, qu'est-ce que je connais sur elle ? Que ferais-je à sa place ? Quels sont ses besoins, les contraintes, les envies, les risques, les peurs qu'elle affronte ? Cette interrogation nous pousse à imaginer un point de vue différent du nôtre, nous oblige à faire un exercice de décentration et de se projeter dans la situation, en voyant le réel par les yeux d'une autre personne.

Il faut aussi comprendre l'environnement, les contraintes et les données factuelles. Rassembler le maximum de données permet de cerner le cadre de la négociation et d'aller à l'essentiel. Donc la préparation est bien un des piliers des négociations réussies.

Dans des négociations plus courtes ou improvisées, on ne peut pas vraiment préparer. On peut toutefois prendre un temps. Pour cela on doit s'abstraire quelques secondes du flux de discussion ou du flux de ses pensées pour essayer de prendre du recul, de comprendre la situation d'un point de vue plus global. En média training, on conseille de répéter la question, ou de dire une banalité pour laisser le temps au cerveau d'absorber la situation. Même sans préparation possible, le réflexe du négociateur excellent est d'essayer de comprendre la personne en face, de prendre un temps, avant de s'engager.

La négociation est un dialogue. Deux parties cherchent à convaincre l'autre et pour cela comprendre ce qui va convaincre la personne en face est essentiel. L'outil simple et efficace à utiliser, c'est l'écoute. Sur ce point, un effort est toujours à faire. On entre en négociation avec la liste de ce qu'on veut obtenir, les arguments, les idées d'une part et d'autre part nos peurs, nos envies, notre ressenti. Il est forcément difficile de se placer dans l'écoute chargé de ce poids. Pourtant c'est l'essentiel de la compréhension. Ecouter est le conseil qu'on répète toujours en formation de négociation. La plupart des gens révèlent beaucoup de choses en parlant et bien de peu de gens sont capables d'une réelle écoute. Un négociateur à l'écoute fera toujours la différence.

Tout le monde vient à la table des négociations chargées d'un poids particulier et différent. Aucune négociation ne commence dans une confiance absolue, les acteurs sont donc toujours tentés de cacher, d'attendre avant de révéler leurs objectifs et leurs visions. Poser simplement des questions permet de révéler ces choses cachées, ou d'avancer dans la voie de la compréhension.

Ecouter est aussi une attitude. Se dire « je veux comprendre comment cette personne fonctionne, ce qu'elle veut vraiment, je vais donc l'écouter attentivement » est déjà un grand pas. Très simplement, en se plaçant dans cette attitude d'ouverture, on a déjà franchi un pas que 80% des gens en négociation ne franchiront pas.

Pour aider à prendre la bonne attitude, on peut s'imaginer devoir faire un compte rendu précis de la conversation, comme un exercice à réaliser en fin de conversation, un rapport à envoyer à son donneur d'ordre. Ainsi on se concentre sur les mots de l'autre, leur signification, l'enchaînement des idées et on se place forcément dans une attitude d'écoute. On peut aussi s'imaginer dans la peau d'un spectateur de la conversation, en renvoyant le minimum d'interaction et en se positionnant comme en train de regarder très attentivement un film complexe.

En présentant ces idées en formation, la réponse est souvent : je veux contrôler la négociation et si je laisse l'autre parler, il va m'emporter dans son jeu et je vais perdre le contrôle. Il faudrait choisir entre le risque d'être trop impliqué, de vouloir répondre immédiatement à toute sollicitation ou tout argument, et le risque de perdre le contrôle en écoutant la personne en face. Mais c'est exactement l'inverse qui se produit. C'est celui qui écoute attentivement qui, au bout d'un moment, devient celui qui contrôle. La négociation est un jeu à double contrainte, chacun a besoin de l'autre. Donc ne pas parler, c'est aussi agir. Car l'autre a besoin de nous pour avancer, il a besoin de réaction à ses demandes. En face d'un silence absolu, l'autre partie ne négocie plus, elle soliloque. Le silence peut être une tactique de jeux de pouvoir, notre recommandation n'est évidemment pas de jouer des tactiques de contrôle. Le but de l'écoute, c'est de comprendre l'autre partie, créer de la confiance et faire progresser la négociation.

Un des risques à éviter est de confondre nos peurs avec leurs intentions. J'ai peur de quelque chose, donc je projette mes peurs sur la volonté de l'autre. Je crois qu'il va essayer de me manipuler, je l'accuse de manipulation, j'ai peur de perdre le contrôle de la situation, je l'accuse de domination. En traitant l'autre dans son altérité, on évacue la projection de ses propres peurs. L'écoute permet aussi de prendre de la distance avec sa propre dynamique interne, ses émotions et de mieux maîtriser le jeu émotionnel de la relation.

De nombreux livres présentent l'écoute active comme la solution pour nous entraîner à mieux écouter. Les techniques classiques sont :

>Poser des questions ouvertes. C'est-à-dire des questions, dont la réponse n'est ni oui, ni non. Des questions commençant par pourquoi, comment, dans quelle mesure.

>Reformuler. Lors d'une interruption, dire « Si je comprends bien ce que vous me dites, c'est », suivi d'un résumé synthétique des points

>Répéter. Reprendre le dernier mot et le répéter avec un air d'interrogation, pour susciter à l'autre l'envie de continuer son cheminement de pensée et de parole.

Ces techniques sont simples et peuvent être expérimentées rapidement. Avec un peu d'entrainement, elles deviendront des réflexes. D'autres outils existent, citons par exemple les cinq pourquoi. Demandez cinq fois de suite « pourquoi » pour arriver à la véritable motivation d'un besoin ou d'une demande.

L'important est de bien comprendre l'objectif de cette technique et non pas de l'appliquer naïvement. L'écoute active a pour objectif de susciter le dialogue, de créer une atmosphère d'échange, de faire taire notre machine à réagir et de laisser l'autre exprimer ses besoins.

Parfois des personnes en formation expliquent qu'elles ne peuvent se résoudre à pratiquer l'écoute active. Elles sont habituées à des discussions à l'emporte-pièce où on réagit rapidement à ce que dit l'autre, dans un flux ininterrompu. Se mettre dans l'écoute, c'est risquer de choquer, d'embêter, d'être inquisiteur. Dans le fond, c'est la peur de détruire la relation qui s'établit selon des schémas classiques de discussion à l'emporte-pièce.

Il faut se décentrer. Non pas être concentré sur sa peur de perdre le contrôle ou la peur de perdre la relation, mais se concentrer sur l'autre partie et utiliser ces outils pour se concentrer sur la compréhension de l'autre.

Idéalement, il faudrait arriver à pouvoir prononcer la phrase suivante : *« je trouve vos raisons valables mais je ne suis pas d'accord avec leurs conséquences »*. Elle donne à l'autre une légitimé, elle montre une volonté d'accord, et en même temps, elle crée un état de dissonance vis-à-vis d'un flux d'oppositions. Elle crée donc un état d'ouverture de la personne qui la reçoit, et suscite une discussion ouverte. Pour prononcer cette phrase, il faut avoir bien compris les raisons, les avoir écoutés et avoir analysé ensemble, étudié les conséquences, articulé les détails. Comprendre, c'est donc écouter l'autre dans son altérité.

Le risque du dévoilement est un risque très fréquent. Si on met tout sur la table, toutes ses informations, on donne à l'autre l'opportunité de prendre chacune des informations comme un levier pour une argumentation implacable. L'autre partie peut en tirer des raisons de garder ses positions. *« Tu as acheté une maison, donc tu ne vas pas déménager, donc tu resteras dans ce poste même sans augmentation, donc je ne t'augmente pas »*. Comment sortir de ce schéma où l'on va essayer de parler sans se dévoiler ? Chacun est plus ou moins conscient que se dévoiler est un risque. Tant que le climat de confiance n'est pas établi, il est évident que poser une suite de questions précises sera perçu comme extrêmement intrusif et agressif, visant à trouver des informations pour ce type de guerre de position, à coup d'arguments assassins.

Donc il faut commencer par nourrir la relation, commencer par établir une relation de confiance. Pour ensuite être capable de dévoiler ses idées petit à petit. Un négociateur excellent ne parle pas trop, il pose en revanche beaucoup de questions. La aussi, c'est une question d'échanges. On pourrait commencer par s'accorder par un mécanisme d'une question chacun. Dans la vraie vie, on se dévoile au fil de l'eau, simplement par des questionnements tout à fait logiques. *« Pourquoi votre prix est-il si élevé ? »*, *« pourquoi l'équipe technique n'a pas pu réaliser les travaux en temps et en heure ? »* De ces interrogations techniques, on plonge dans les interrogations personnelles « avez-vous confiance dans la réalisation de ces hypothèses ?»

Il ne faudrait pas tomber dans un excès inverse. Ne faire que poser des questions, ou croire qu'il faut essayer de lire les esprits, ou comme une caricature de psychanalyste, renvoyer en permanence des interrogations, sans rien révéler de soi. Il parait que certaines négociations ont lieu en présence de psychologues, qui ne sont pas présentés comme tels, leurs objectifs étant de tout noter mentalement sur l'autre partie. Je ne suis pas sûr que ce qu'on apprend comme cela justifie l'investissement consenti. Cet exemple montre toutefois que comprendre l'autre est une habitude des négociateurs excellents.

L'attitude du coach en solution est d'essayer de faire émerger les causes d'une situation bloquée, avant d'imaginer des conséquences et des scénarios efficaces. Dans une situation de grande tension, de très faible confiance, le coach en solution devra essayer d'ouvrir une brèche dans cette muraille en menant une enquête psychologique légère, en se mettant dans la peau du Colombo de la relation. « Je comprends que nous sommes très tendus ici, je vous propose d'essayer de travailler sur une relation de confiance entre nous ». L'objectif n'est pas de poser des questions. L'objectif est d'abord d'établir une relation de confiance et ensuite de comprendre l'autre partie.

Une difficulté majeure de cette méthode réside dans le blocage d'échange. Quand l'autre partie ne répond pas, quand la personne en face reste de marbre, ne se dévoile pas, exerce un contrôle fort sur sa propre communication et n'essaie pas de bâtir une situation de confiance.

La motivation principale est de cacher des informations pour ne pas montrer ses faiblesses. Beaucoup de négociateurs pensent qu'il faut passer en force et en cachant ses informations. Souvent, c'est lié à une guerre de position en l'absence d'objectifs précis *« Je veux que l'autre me donne 20% de réduction »*, car je ne sais pas ce que l'autre peut me donner, je recherche mon propre intérêt sans comprendre l'intérêt de l'autre. Des négociateurs extrêmement centrés sur eux-mêmes auront du mal à exprimer les raisons et les causes de leurs demandes, tout concentrés qu'ils sont à essayer de trouver comment manœuvrer pour leurs besoins.

Pour briser toute barrière, la communication prime. Poser des questions permet aussi d'ouvrir l'esprit de la personne et de la faire sentir concernée par le processus, plutôt que de faire des propositions qui peuvent apparaître sorties de nulle part. Dans la quasi-totalité des cas, les questions ouvertes, l'écoute stratégique permet d'obtenir une adhésion plus forte à des propositions que nous ferons plus tard.

L'écoute stratégique permet aussi de comprendre les valeurs, les phrasés, les façons de voir de la personne. Et toute proposition faite avec le cadre de référence de la personne et ses standards sera bien accepté, mais également toute proposition faite avec son vocabulaire, ses habitudes de pensée, ses références internes, ses acronymes, ses expressions imagées.

L'autre partie n'arrive pas toute nue, elle porte les batailles internes de son entreprise, de son environnement. Lui donner des gages en lui montrant qu'on comprend ces enjeux facilite la création d'un sentiment de proximité et de confiance, avec laquelle les propositions à venir seront mieux acceptées.

Cet environnement peut complexifier la négociation. « Si je t'augmente et que cela se sait, alors je devrais négocier avec tout le monde et ce sera ingérable », la négociation n'est pas hors-sol, elle est liée à d'autres, le commandement interne de ne pas parler peut-être lié à cet environnement. En créant une relation, en tentant de convaincre de négocier ce qui est présent ici et maintenant, on peut réduire ce risque perçu par l'autre partie et travailler sur la relation.

Il est très rare d'entendre dire de quelqu'un qu'il écoute trop. En revanche *« il ne m'a pas écouté »* est un des reproches les plus fréquents dans les disputes de milliards de couples de cette planète, de quasiment tous les adolescents à l'égard de leur parent et de la plupart des salariés à l'égard de leurs managers. C'est bien la preuve que cette habilité d'écoute est quelque chose qui manque partout. Des dizaines de livres de management, d'éducation et de marketing sont écrits avec ce conseil : écouter. Pour se mettre dans la bonne écoute, il faut adopter la bonne attitude : faire son enquêteur, faire son Columbo, imaginer écrire un compte rendu psychologique, chercher la petite bête, creuser les détails gênants.

Le manque d'écoute est le principal obstacle à la bonne communication. Il y en a d'autres, mais il est le premier. On peut toujours se dire que c'est à l'autre de commencer à écouter, mais la seule chose que l'on maîtrise, la seule télécommande que l'on possède, c'est sa propre attitude, ses propres actions. Ecoutons !

Mais écouter n'est pas pour autant accepter. Beaucoup réagissent à cette remarque sur l'écoute dans les formations en disant « si je l'écoute, alors j'accepte ses demandes et sa façon de voir ». La bonne attitude d'écoute n'est pas d'être en d'accord. Il est différent d'écouter l'autre et de se perdre dans l'autre. Si ses propres objectifs sont clairs, si nous nous situons dans une attitude de création de confiance, alors le risque est faible. Evidemment écouter, c'est suivre le cheminement de pensée. Notre cerveau réplique les chemins de pensée de l'autre dans l'écoute, on risque donc d'en oublier ses propres idées. Si on est totalement pris dans la vision de l'autre, on risque d'arriver à une attitude du type « je l'ai tellement écouté, il m'a convaincu, je n'ai plus su quoi dire ». C'est l'avantage des bavards, ils ont tendance à noyer toute opposition sous un flux de mots, ne laissant aucune place à la contradiction. Il faut donc une ancre pour ne pas se noyer dans un flux de mots, dans un cheminement de pensée qu'on reçoit par l'écoute. Cette ancre ce sont les objectifs clairs que l'on garde, c'est le processus de la négociation qu'on garde en conscience.

Communiquer avec excellence

Une négociation est un échange entre personnes, basé sur la communication, sur l'échange d'informations, mais aussi sur des échanges émotionnels forts. Communiquer, c'est utiliser à la fois le vocabulaire pour parler, convaincre, expliquer, analyser, détailler, c'est aussi utiliser pour convaincre son corps, le non-verbal, son débit, sa charge émotionnelle pour contrôler la conversation, la dynamique relationnelle.

Dans la majorité des cas, cette communication a lieu à l'oral, en face à face. Si parfois il faut utiliser d'autres moyens (téléphone, emails), la relation en face à face est obligatoire pour arriver à amener la discussion ou l'on veut. Combien d'incompréhension et de difficultés de communication passent par les milliards d'emails échangés quotidiennement sur notre globe ? Souvent les gens essaient de décoder les émotions de l'envoyeur dans les emails. *« Si tu as écrit ces mots, ça veut dire que tu penses ceci, ou que tu veux cela ».* La volonté de comprendre, d'analyser ou de recevoir le contenu émotionnel dans les emails est la preuve de notre besoin essentiel du non-verbal pour une communication efficace. Les emails sont des médias froids et essayer d'interpréter la charge émotionnelle à travers les mots est une source quotidienne d'incompréhensions. Les mots seuls ne sont pas suffisants pour une négociation efficace. La présence physique est indispensable.

Au cours d'une négociation, la mécompréhension est la règle. En préparant les échanges, chaque partie peut analyser dans son coin la situation de la négociation et imaginer une discussion fluide. Mais toutes les conversations consistent à essayer de comprendre les points de vue de l'autre en se répétant, en revenant sur des points, en insistant sur certains ou en faisant des élisions sur d'autres. Une discussion n'est jamais linéaire. Il y a une grande différence entre un dialogue de théâtre ou de cinéma et une conversation courante. Les dialogues de cinéma sont fluides, concentrés, car ils sont écrits et pensés. Le spectateur est plongé dans l'échange et ne participe pas, il suit un dialogue construit. Les communications humaines sont bien moins structurées. Chacun écoute mais est aussi concentré sur ses propres pensées, son flux intérieur et les échanges sont rarement linéaires, ils repartent à l'envers, ils reviennent, c'est un flux assez chaotique.

Communiquer simplement reste difficile. Être capable d'exprimer clairement et simplement une idée, ou mieux une articulation d'idée reste difficile. Seuls de très grands orateurs et débatteurs en sont capable en toute circonstance. Et aucun ne sont nés avec cette capacité. Les grands bretteurs des cours de justice, ces avocats convaincants en toute circonstance se sont entrainés, ont fait d'immenses efforts pour atteindre ces capacités.

On peut donc améliorer sa capacité à convaincre, à obtenir de meilleures négociations en améliorant sa capacité de communication et en travaillant certains points.

Une des premières attitudes à changer est le rapport que nous entretenons avec notre propre parole. En coaching de négociateurs, une des premières choses que l'on entend revient à dire « Il l'a compris, puisque je l'ai dit ». Accepter que sa parole soit mal comprise, accepter que sa vision des choses ne soit pas transmise immédiatement par les mots que l'on choisit est le premier étage qui va nous permettre de progresser en communication.

La deuxième est le plus souvent de prendre le temps. Pressé, sous pression, nous essayons d'aller vite, nous ne prenons pas le temps d'expliciter les détails. Nous appliquons nos propres raccourcis intellectuels en créant des phrases obscures, en faisant des raccourcis, en essayant d'aller au plus direct. Nous sommes concentrés sur l'élaboration d'une parole construite et rationnelle, ce qui est salutaire. Mais paradoxalement, nous faisons des élisions sur la bonne compréhension de l'autre. En utilisant nos schémas, notre vocabulaire, nos acronymes, nous risquons de rendre confus les messages à faire passer.

Un autre facteur essentiel, c'est la quantité de mots prononcés. Les bavards sont des gens qui ont été habitués à obtenir ce qu'ils recherchent en parlant beaucoup. Il est évident qu'en parlant beaucoup on capte l'attention, on monopolise l'attention. Mais le risque du bavard est de tourner autour du pot en ne disant rien de vraiment important, ou de fermer la relation en l'écrasant d'une vague de mots, ou encore de sauter directement dans le bain en noyant de mot l'autre partie. Ce qui est sûr, c'est que le bavard ne crée pas une relation de confiance et d'échange. A l'inverse, celui qui parle peu complexifie l'échange nécessaire à une bonne relation. Sur un autre plan, celui qui parle trop vite ou celui qui parle trop lentement ne crée pas non plus les conditions d'un échange fructueux.

Une bonne attitude, à manier avec précaution, est celle du professeur. Se dire que tant que l'autre n'a pas répété avec ses propres mots les notions que j'essaie de faire passer, alors il n'a pas compris les idées que j'essaie de faire comprendre.

L'objectif de la discussion est toujours, avant tout, de créer une relation. Seule une relation entre individus est capable de créer un échange négocié. C'est dans la relation, qu'on créé les conditions d'un échange négocié. Les mots sont des outils au service de cet objectif.

Parler pour convaincre

La négociation n'est pas un débat ou chacun exprime sa vision du monde et espère que l'autre va comprendre. La négociation est un moment où il faut convaincre l'autre de changer sa vision des choses. La dynamique intérieure n'est pas dans la construction d'un discours cohérent et valide mais dans la capacité à parler pour faire changer d'idée ou d'opinion l'autre partie sur le contenu de la négociation.

Convaincre est une partie essentielle de la dynamique de la négociation. Après avoir posé les bases, après les premiers échanges, il faut faire changer de vue et faire évoluer le cadre de pensée de la personne en face. *« Je comprends que vous vouliez une réduction de votre prix d'achat et votre demande de 30% n'est pas possible ».* Le négociateur va devoir convaincre que 15% de réduction est la somme maximale, quelles que soient les raisons de ce maximum. Le négociateur averti aura préparé ses arguments pour répondre à cette question de tarif. Mais au-delà du contenu rationnel justifiant les arguments, comment parler pour convaincre de la pertinence de ses arguments ?

Si on analyse sereinement cette négociation, on se demandera sur quoi cette réduction de 15% ou de 30% est-elle basée ? De manière rationnelle, elle est le résultat d'un calcul, d'une analyse des couts. Mais une demande précise et quantitative est également le fruit de raisonnements plus complexes. *« Je propose 15% parce que j'anticipe que l'autre veut 30% et je sais qu'il faut commencer plus bas que le maximum, car on va avoir un moment de discussion de marchand de tapis ou je devrais baisser ».*

Toute proposition est la fille d'un réseau de sens, de lien à des représentations, d'anticipation, de désirs, de doutes, de peurs. La proposition que l'on fait mais également la proposition que l'on reçoit. Convaincre de l'intérêt de sa proposition, c'est agir sur cette galerie souterraine de représentations internes. C'est la changer, c'est couper certains liens, en recréer d'autres. C'est agir sur la machine critique qui préfère tout repousser d'un bloc que d'accepter de changer sa représentation.

Convaincre c'est utiliser des arguments rationnels pour réaliser un changement émotionnel chez l'autre.

Nous sommes bombardés d'informations contraires, qui viennent de l'extérieur, du monde, de notre environnement, mais qui viennent aussi de l'intérieur, de soi. Convaincre, c'est arriver à réorganiser ces informations dans un tout qui fait un nouveau sens, qui est cohérent. La recherche de la cohérence interne est une motivation essentielle du cerveau humain, on l'a vu.

Après avoir assisté à une conférence passionnante qui nous explique de nouvelles choses sur un sujet qui nous tient à cœur, nous sommes heureux et satisfaits. Le conférencier nous a apporté des tas de nouvelles idées positives, créant en nous l'impression que de nouvelles solutions sont possibles et que tout son système est cohérent. Puis on y repense plus tard et on remet en doute ses propres idées, on repense à cette conférence en se demandant ce que cela signifie dans notre monde. Au bout d'un certain temps, on a réorganisé ses pensées en un nouveau sens. On a donc dépensé de l'énergie interne pour réorganiser ses pensées autour des idées géniales de ce conférencier. Il y a un cout de la réorganisation de sa pensée. Être convaincu, c'est accepter d'aller contre son besoin immédiat de cohérence, c'est accepter de mettre en soi des arguments extérieurs qui obligent à réorganiser la cohérence de son système de représentation en dépensant de l'énergie psychique.

Dans une conférence, on accepte les arguments rationnels de la sommité intellectuelle qui s'exprime de manière directe. Cette personne est connue, elle est investie d'une autorité, j'accepte donc ses arguments, ses représentations et je réorganise ma pensée en fonction de ses arguments, que j'accepte comme véritables, acceptables. Les mêmes idées présentées par le pilier de bar ou je prends mon café ne sont même pas écoutées. On accepte les arguments rationnels d'une personne dont a accepté le droit ne nous influencer. C'est quelqu'un en qui on a une certaine confiance et à qui on reconnait une autorité sur notre mode de pensée. La confiance, la reconnaissance de l'autorité viennent avant le contenu rationnel des arguments dans le processus de conviction.

Le coach en solution devra donc construire sa capacité d'influence en créant une zone ou son autorité est reconnue.

On a vu les biais intellectuels que nos cerveaux construisent, qui sont des raccourcis pour simplifier le réel. L'esprit tente de construire une cohérence, un équilibre d'opinion entre quelque chose et son contraire. *« La mer, c'est mieux que la montagne »*, *« les augmentations, ça doit être pour tout le monde la même chose »*, *« le projet doit être rendu à l'heure »*. Cette cohérence n'est pas le résultant d'un travail d'analyse philosophique mais un équilibre entre des tensions, teintées de beaucoup d'affectif et d'émotionnel : *« j'ai peur des vaches en montagne, je veux être comme les filles des magazines qui ont l'air heureuse à la mer, je ne vais pas m'en sortir des demandes d'augmentation individuelle, je dois tenir mon équipe et leur fixer des objectifs fermes. »* Convaincre, ce n'est pas un échange d'arguments dont on pèse la validité après coup dans un jugement à froid. Convaincre, c'est articuler une suite d'arguments cohérents entre eux, qui redessinent un cadre de référence cohérent lui-même et qui rassure, qui donne envie, qui joue de la corde affective. Pour convaincre, on peut amener des faits car ils ont irréfutables, mais il faut travailler sur leur interprétation. Qu'est-ce qu'ils signifient ? Quel nouveau cadre construisent-ils ? Ce nouveau cadre est-il intéressant, attirant, rassurant ?

Il faut donc partir de faits partagés, il faut changer leurs interprétations en les illustrant de nouveaux faits, en articulant un nouveau cadre intéressant.

Place du non-verbal

Le non verbal est essentiel pour convaincre. Un ordinateur qui débite d'une voix monotone une liste d'arguments et un orateur hors pair qui déclamerait les mêmes mots avec passion auront un impact extrêmement différent sur l'autre partie. La preuve n'est plus à faire de l'importance du non verbal dans la capacité à convaincre.

Les émotions ont une place essentielle en négociation. Elles se transmettent souvent hors des mots, dans l'attitude physique, la respiration, le regard. On peut évidemment transmettre par les mots ces émotions. *« Je ressens ceci »,* Mais si l'on vous dit *« si vous ne me donnez pas 10% de réduction, je n'achèterai pas »,* sur un ton monocorde ou avec un air effrayé ou menaçant, cela n'aura pas le même impact.

La plupart des livres de paroles en public, de conviction ou même de négociation insistent sur l'importance du non-verbal et indiquent des recettes à imiter. C'est une étude très intéressante. Pour aller au-delà et aider à améliorer nos capacités à convaincre, nous parlerons plus de l'attitude à cultiver en soi pour améliorer son non-verbal et sa capacité de conviction.

L'idée pour améliorer son non-verbal est, pour la plupart des gens, d'en faire un peu plus que d'habitude. D'être un peu plus théâtral. Mieux articuler, parler plus fort, bouger les bras, regarder dans les yeux. Toutes ces recettes sont excellentes pour améliorer son non-verbal. Mais sans essayer d'imiter, tout est dans l'attitude. L'imitation va demander une grande concentration d'énergie mentale. Or la négociation est déjà une activité intense. Pour développer la bonne attitude, on peut faire appel à son imagination. Les cours de théâtre fonctionnent bien quand on demande aux élèves de se projeter en imaginaire dans une situation. Pour améliorer son non-verbal, on peut par exemple se dire qu'il y a un brouillard devant les yeux de la personne en face, car elle est peu attentive, peu réceptive et que la seule solution pour la convaincre est d'en faire un peu plus pour arriver à passer ce brouillard : parler plus fort, articuler mieux.

L'envie de convaincre, le besoin de faire passer des messages précis sera le meilleur motivateur pour améliorer son non-verbal. Tout cela est cohérent. Être clair sur ses objectifs, vouloir aboutir à une situation de gains partagés, se positionner comme coach en solution va permettre de développer le charisme et le pouvoir de convaincre, notamment par le non-verbal.

En situation de stress, nous avons tous tendance à nous replier sur nous-même. En situation tendue, les personnes introverties vont ainsi se fermer aux émotions, devenir autocentrées et ne laisser paraitre que des personnages froids et distants. Les bavards vont plus parler, les agressifs seront plus cassants.

Face à une négociation complexe, le risque est donc de se concentrer sur soi, sur son attitude, d'essayer de maîtriser son non-verbal. Or l'objectif premier est de gérer la relation et gérer le non-verbal ne peut plus être la priorité. Apprendre à mieux gérer le non-verbal est intéressant, mais il ne doit pas prendre la majorité de l'énergie cérébrale disponible. Disons qu'en situation de difficulté, il s'agit d'un outil.

Le cerveau humain apprend facilement mais avec répétition. Pour obtenir un swing parfait au golf, il ne suffit pas d'aller dans le practice et d'acheter la bonne tenue, il faut répéter, répéter, répéter, en étant concentré. Développer un réflexe demande de se concentrer sur l'objectif à atteindre. Se concentrer signifie bien ne pas penser à autre chose pendant ce temps de concentration. Améliorer son non-verbal de façon très efficace demande donc de la concentration et de la répétition avant de devenir un réflexe. Or il faut que cela devienne un réflexe pour être capable de se concentrer sur d'autres choses.

La recommandation n'est pas de demander à chaque lecteur de devenir un tribun exceptionnel et de passer trois ans dans des cours de théâtre pour maîtriser l'art oratoire. Il reste que se sortir « un peu de soi », en faire un peu plus est une indication suffisamment facile pour permettre d'améliorer lentement la pratique de chacun. Et prendre chaque interaction humaine comme un exercice pour progresser pas à pas.

Doser sa prise de parole

Si le non-verbal représente une modalité essentielle de l'impact de la communication, les mots prononcés restent le matériau accessible à la construction d'une argumentation efficace. Une question qu'on peut poser est « *faut-il en dire le moins possible, afin de ne pas s'exposer et révéler ses faiblesses, ou au contraire faut-il essayer de provoquer la discussion, créer un climat agréable et inciter l'ouverture en étant ouvert et bavard.* »

L'art subtil de la négociation est évidemment un jeu d'entre deux risques : trop ou ne pas assez parler. Une règle générale et simple est qu'il faut parler moins de 50% du temps et se concentrer sur l'autre partie, sur la compréhension de sa situation en lui posant des questions. Parce que 90% des humains n'écoutent pas assez, le conseil le plus général et efficace est : ne pas trop parler et poser beaucoup de questions.

La négociation est aussi régie par une sorte de principe d'Archimède. Une poussée dans un sens entraîne une poussée dans l'autre sens par l'autre partie. Une prise de parole entraine une réponse de l'autre partie. Il faut donc doser sa prise de parole. Donner tous les arguments les uns à la suite des autres va faire se lever la grande muraille de Chine de l'autre côté, n'en donner qu'au goutte à goutte n'est pas une solution ; l'autre partie n'aura pas pris le temps d'attendre la fin.

La crédibilité est la clef de la persuasion. Je suis persuadé par les (bons) arguments de celui à qui je reconnais l'autorité, le pouvoir de s'exprimer sur le sujet. Dans une relation en construction, le négociateur va donc s'assurer de sa propre crédibilité. Avant d'affirmer ses arguments, il faut poser sa légitimité sur ces arguments.

Julie voulait négocier une réduction sur un billet d'avion. Dans l'esprit de la personne qui l'écoutait, elle n'était qu'une cliente de plus. Après avoir expliqué qu'elle était en charge d'acheter les billets d'avion pour le comité de direction de son entreprise et que ses dirigeants voyageaient tout le temps, elle a obtenu rapidement une réduction à cet achat. Elle a déplacé le cadre de référence, elle a légitimé sa demande.

Il faut parler au bon moment pour assoir sa crédibilité, pour détailler un argument, pour rendre précis un point important. Il faut aussi créer les conditions d'un dialogue, souvent par des discussions légères. Mais le bavardage ne crée rien, il est le fils des besoins d'ego. La règle est d'avancer prudemment, d'écouter beaucoup et de prendre le temps de faire reformuler, préciser, argumenter l'autre partie, avant de s'engager dans sa propre affirmation.

Bien articuler

Au moment clef de la négociation, il faut pouvoir convaincre. Le négociateur excellent saura convaincre de sa vision des choses, de son interprétation, de ses propositions nouvelles. On l'a vu, sa crédibilité et sa position face à l'autre est la condition d'acceptation de ses idées.

Mais entre une idée ânonnée et une idée bien articulée la différence est de taille. Or qu'est-ce qu'une idée bien articulée ?

Face à une proposition nouvelle, le cerveau humain va évaluer, comparer à ses standards ou ses représentations ; le cerveau va chercher aussi les avantages et les risques, va se demander quels profits cette proposition lui amène. Et tout cela de façon rapide, intuitive et globalement inconsciente. « Et si nous allions à la mer ? »

vous propose votre conjoint. Votre esprit dans un temps très bref va à la fois s'imaginer au bord de l'eau en se remémorant un souvenir agréable d'une journée à la plage ou d'un diner en terrasse, ou va revoir un souvenir désagréable d'une journée de pluie ou d'une dispute passée. Votre cerveau va aussi penser que le programme était de rester à la maison, qu'il y a des obligations, ranger le grenier ou repeindre les volets, que vous vous étiez dit que le prochain weekend serait sans voyage ou que vous étiez d'accord pour essayer de faire des économies. Toutes ces représentations se mélangent et la réponse fuse rapidement : oui, ou non, ou encore peut-être en fonction de la force de ces représentations.

Un bon vendeur sait qu'il faut articuler les avantages pour la personne à qui l'on vend quelque chose, en reformulant ses besoins. *« Je sais que tu veux que nous passions du temps ensemble et que tu aimerais te relaxer, et en même temps de ne pas dépenser trop, je te propose donc d'aller à la mer chez un ami, ce qui nous permettra de nous détendre et de ne pas trop dépenser. » « Je vous propose notre nouvel outil. Non seulement il est capable de faire ce que l'outil précédent faisait, mais le temps de maintenance est réduit de 20%, la garantie est étendue de 2 ans, ce qui vous laissera l'esprit libre et vous permettra de moins dépenser ».* Vendre, c'est aussi accompagner le cheminement de pensée de la personne qu'on essaie de convaincre, en lui détaillant les avantages pour lui. Plus on connait son système de représentation, ses besoins et ses risques, mieux on présente ce qu'on promeut car on va dans le sens de ces besoins.

Toute parole est comprise dans un cadre de référence, dans un réseau de significations pour celui qui la reçoit. Convaincre, c'est assurer la légitimité de ce cadre, s'assurer de sa cohérence, en l'explicitant. Ce cadre doit découler d'une forme d'autorité, quelque chose de certain et de partagé ; il doit inspirer confiance, c'est-à-dire que les conséquences de la proposition sont clairement bénéfiques pour celui qui la reçoit.

La PNL est une discipline tout à fait intéressante, que nous recommandons d'étudier. Ce qu'on peut en retenir dans ce cadre, c'est que l'esprit humain est d'autant plus frappé que les arguments amenés se situent dans les sensations : le toucher, l'odeur. Les arguments abstraits, de haut niveau, conceptuel ssont plus complexes, plus lents à être digéré, moins immédiats à marquer l'esprit. Les arguments rationnels sont puissants, mais viennent en second plan. Il vaut mieux dire « imaginez-vous au volant de ce bolide comme vous vous sentirez à l'aise de conduire », plutôt que de dire « c'est une voiture qui est confortable ».

Le niveau d'abstraction est aussi une donnée à prendre en compte. Tout le monde est d'accord pour mettre dans sa vie des choses « bonnes, de qualités, agréables, etc. ». Mais ces mots sont très abstraits. Ils n'ont de sens que reliés à des représentations. Ils sont donc plus faciles à contredire. *« Vous dites que votre produit est de qualité, moi je pense que la qualité première, c'est autre chose ».* Dire qu'un produit est de qualité ne veut rien dire, sauf quand les autres entreprises feront la publicité de leurs produits en affirmant qu'ils sont de mauvaise qualité. Se situer dans le bas niveau, dans la sensation c'est plus impactant que d'être dans l'abstraction.

Bien articuler, c'est se baser sur l'idée que les avantages concrets, les bénéfices immédiats ne sont pas facilement présents dans l'esprit de la personne à laquelle on parle. L'énergie psychique du récepteur peut être investie ailleurs au moment où on lui parle. C'est celui qui veut convaincre de la justesse de ses vues qui doit détailler les avantages de ses vues. Par la formulation proche des sensations, par des images ou des exemples, on touche plus facilement l'esprit à convaincre.

Gérer la relation

Négocier, c'est aussi faire changer d'opinion son partenaire sur des représentations de son monde. *« Me donner une réduction vous permettra de gagner un client à vie »* dit le client qui veut convaincre son fournisseur de baisser son prix. Cet argument est-il reçu pour sa valeur propre ou bien son acceptation dépend-elle de la personne qui le dit ? Le négociateur sait que l'individu est plus important que le contenu du message pour négocier.

On a vu que l'humain est bien plus capable d'accepter des compromis, des changements dans sa représentation du monde lorsque des propositions lui sont amenées par quelqu'un en qui il a confiance. Le coût psychique du changement est plus faible lorsque ce changement est amené par une personne qui a créé un environnement de confiance. D'autre part, le changement est embrassé quand ses conséquences visibles sont positives. *« Demain, grâce à mon produit, vous irez mieux »*, est une idée qui fonctionne si on détaille les points de douleurs de la personne à qui on vends ce produit.

Le négociateur excellent cherchera donc à créer cet environnement de confiance, à créer une relation de proximité avec l'autre partie. Ce sont les conditions essentielles d'une négociation fructueuse. Gérer la relation, gérer la dynamique relationnelle est une des tâches principales du coach en solution.

Temps long ou temps court

Une négociation peut être un acte court, isolé, ponctuel. Mais le monde est de plus en plus petit et nous vivons une époque où les traces qu'on laisse sont de plus en plus visibles : les réseaux sociaux permettent de mettre en lien de plus en plus de personne. Il faut donc se penser comme partie d'un réseau d'humains, fut-il faible, plutôt qu'un loup solitaire, qui fait des opérations uniques. Dans ce cadre, la réputation du négociateur est plus importante que son gain de court terme. Les jeux de pouvoir et les manipulations peuvent donner un avantage dans un temps court, face à une autre partie faible et confuse. Mais dans un temps long, la manipulation crée plus de barrières que de facilités. Le négociateur excellent se situera dans un temps long et privilégiera la création d'une relation de long-terme.

Il n'est pas aisé de définir ce qu'est une négociation, car le plus souvent elle est comme une poupée russe ; il en existe une plus grande qui l'entoure et on peut la couper en plus petites séquences. *« Je discute du prix de cette commande avec un client, mais je suis son fournisseur pour plus de produit, et je désire rester son fournisseur l'année prochaine, donc je désire vendre et conserver la relation. »*

Il faut parfois expliciter ce point avec des protagonistes concentrés sur le court terme. Face à la manipulation, aux jeux de pouvoirs, il faut donc l'expliciter, tout en rappelant à l'autre partie les enjeux de long-terme. *« Je comprends que vous soyez en colère, toutefois j'aimerai que nous ayons des relations cordiales, car je voudrais pouvoir travailler avec vous sur le long-terme »*. On peut désinvestir les tentatives d'autorité en recadrant sur ce besoin de relation de long-terme, présent des deux côtés.

Comment gérer la relation ?

Pour créer cette relation de confiance, il faut d'abord avoir la bonne attitude. Nous devons d'abord nous sentir responsable de la gestion de la relation, de la dynamique relationnelle, de la gestion du flux. L'objectif final est de toujours vouloir construire une relation durable, amicale sinon cordiale, de bonne coopération sur le long-terme. Face à des coups de boutoirs des propositions difficiles, des jeux d'humeur ou d'ego, le négociateur excellent essaiera de ramener la relation vers un flux de coopération.

La peur, le manque de certitude, les risques et les enjeux d'une négociation sont les principaux facteurs de blocage. Le négociateur doit donc rassurer, être tenace et présenter les choses de manière positive. Mais trop d'optimisme amène à des compromis sur tout - afin de conserver une relation amicale, trop de peur conduira au blocage. Par l'écoute, par l'utilisation d'un langage ouvert, tout en étant toujours concentré sur ses propres objectifs à atteindre, le négociateur contrôle la relation et construit une relation coopérative.

Anne voulait aller au cinéma, elle annonça à son compagnon, « je veux voir tel film, absolument. » Perspective qui ennuyait à mourir Eric qui aurait voulu voir un autre film. Comment Eric peut-il échapper au film qui ne l'intéresse, sans passer pour un goujat qui ne fait que ce qui lui plait ? Eric s'est alors interrogé sur ses objectifs, en fait passer une soirée agréable avec sa compagne et se détendre. Il lui demanda si elle pouvait penser à une autre solution que de voir ce film en particulier. La réponse était évidemment relationnelle. *« C'est vrai que nous pouvons faire autre chose, mais je ne veux pas encore voir un film pas très intéressant que toi tu as choisi »* répondit Anne. Eric enchaina *« Et bien, je voudrais passer une soirée relaxante avec toi, ce film ne m'intéresse pas forcément, mais ce qui est le plus important, c'est qu'on partage quelque chose et qu'on se relaxe ».* Souvent les femmes sont plus capables d'imagination créative et possèdent un sens du compromis plus rapide ; dans ce couple une autre solution fut trouvée pour passer une soirée agréable et relaxante. L'enjeu était dans la relation, Eric avait sans doute exagéré la dernière fois en engageant le couple dans ses choix personnels de film, et devait gérer la relation plus que d'affirmer ses choix personnels, en écoutant, en comprenant les motivations, en parlant du cadre.

Garder le contrôle de la relation

La négociation est un comme un bateau de rafting, le flux entraîne les protagonistes et ils ont bien moins de possibilité d'infléchir le cours des choses que ce qu'ils croient.

Antoine devait négocier que son service de comptabilité ait accès à un logiciel que seul le service client pouvait utiliser, pour des raisons obscures de licence. Il alla voir le responsable de services client. A-t-il dit les mauvais mots ? Est-il arrivé au mauvais moment ? Jacques, le responsable du service client, a fermé la porte immédiatement *« nous sommes débordés, nous n'avons pas le temps, nous sommes en sous-effectif, je ne vois pas comment on pourrait passer du temps à paramétrer cet outil pour un autre usage ».* Antoine est malheureusement entré en phase émotive *« mais ça va être compliqué, on m'accuse déjà d'être la source des retards, sans cet outil, on va accumuler le retard, ça va encore me retomber dessus ».* Et la relation est remontée dans les tours émotionnels. « Ce n'est pas mon problème, toute façon mon projet est plus important », etc.

La boucle émotionnelle est lancée et les protagonistes deviennent victimes d'un jeu à deux. Le négociateur excellent essaie de garder le contrôle, il ne rentre pas dans le cadre défini par l'autre partie, la relation est la base, le ciment de la négociation et la conserver en bon état est le premier objectif.

Martin essayait d'obtenir le décalage des travaux de voirie dans sa rue car il organisait une grande fête le dimanche suivant et beaucoup d'amis viendraient en voiture et devaient se garer. Une fois identifié le chef de chantier, il est allé le voir en lui disant qu'il voulait discuter de ce point. Le chef de travaux était évidemment profondément négatif *« les travaux commenceront à l'heure, ça ne dépend pas des usagers »*. Martin insistait et le chef de travaux devenait agressif, insultant. Martin ne s'est pas laissé troublé et a décidé de bien gérer la relation *« Et comment se passeront les travaux »*, *« Et quel est votre délai ? »*, *« et est-ce dur d'organiser les choses en temps et en heure ? »*, tout en donnant des gages relationnels *« je comprendre votre problème »*, *« c'est intéressant de discuter avec vous, j'apprends plein de choses »*, jusqu'à ce qu'il apprenne qu'une des difficultés étaient d'entreposer les matériaux pour éviter les vols et c'était le point de douleur du chef de chantier. *« Et si je vous proposais de mettre des outils dans mon jardin, une fois les travaux commencés ? »* Ce qui permit de décaler le début des travaux de 2 jours, le temps de faire la fête.

Le cadre défini au départ peut changer, le but est d'aboutir à un résultat fructueux pour chacun, en conservant une relation humaine, on peut triompher des principales difficultés.

Troisième partie

Les bons réflexes au bon moment

La négociation est donc un jeu entre des protagonistes voulant aboutir à des engagements réciproques. Il est fortement influencé par les attitudes et les émotions des parties.

Mais comment utiliser toutes ces recommandations au quotidien, comment agir, parler dans une négociation, quels sont les outils que nous pouvons utiliser pour réussir nos négociations ?

La négociation est un processus dynamique

Une négociation peut se jouer à l'intuitif. On rentre dans la discussion, on écoute, on parle, on échange et on essaie de conduire le fil vers notre objectif. C'est la version classique des négociations quotidiennes. Mais parfois, ça ne marche pas. La négociation est bloquée, nous sommes coincés dans des échanges d'arguments qui ne sont pas très utiles. Pire, on commence à devenir émotionnel devant ces blocages et chacun commence à s'énerver. Comment faire ?

La seule solution possible est de suivre un plan, de passer par des étapes, de réaliser un scénario. La négociation est un échange dynamique qui nous faut essayer de voir comme un processus industriel. C'est-à-dire une suite d'étapes obligatoires qu'il faut valider pour avancer.

Voir la négociation comme un processus permet de mieux gérer son attitude. Entrer en négociation en la pensant comme un combat des volontés, un risque de perdre, ou un jeu où l'on va gagner sur l'autre, entraîne le négociateur sur la pente des manipulations et jeux de pouvoir, dont on a vu les écueils. Pour arriver à progresser en négociation, une autre attitude est possible.

Se positionner comme un coach en solution permet de contrôler le flux des émotions des parties. Se penser comme gestionnaire d'un processus est un outil pour ne pas se laisser déborder par les émotions au cours de la négociation. Si une négociation se passe bien, on n'a évidemment pas besoin de s'imaginer suivre un processus. On peut suivre son habitude ou son instinct. Mais très souvent la négociation dérive, prend des tournures non prévues, se heurte à des blocages. Le risque est que le négociateur soit perdu, fasse des raccourcis et finalement se tourne vers une solution immédiate, facile, à portée de soi, mais qui est peu intéressante. Le processus peut donc être vu comme une bouée de sauvetage. Voir une négociation comme une liste d'étapes à valider, une liste de tâches à cocher permet de garder sous contrôle tous les éléments vus précédemment.

Une difficulté majeure des négociations, c'est la confusion et la perte de contrôle : la discussion m'amène à vouloir quelque chose et son contraire. L'autre partie m'a amené à penser différemment de ce que j'avais préparé et je suis confus sur cette nouvelle situation. Si par ailleurs la discussion m'emmène dans des émotions fortes, je perds totalement le contrôle. Avoir en tête un processus permet de se raccrocher à une bouée et de continuer à contrôler ce qui se passe.

Une autre difficulté majeure en négociation est la situation de blocage. Chaque partie a avancé, présenté ses arguments, écouté en partie la position de l'autre. Mais plus personne n'avance. Chacun reste campé dans ses positions et attend que l'autre fasse un pas en avant. Le plus souvent on attend une concession de l'autre côté, chacun ayant le sentiment d'avoir fait suffisamment de concessions de son propre côté. Là aussi imaginer un processus avec des étapes permet de trouver une voie de sortie. Avons-nous validé telle ou telle étape ? Devons-nous revenir à l'étape précédente ? S'interroger sur la procédure à suivre permet de trouver une voie de sortie de blocage.

Dans les négociations courantes, on retrouve plusieurs types d'erreur classique :

La première est d'avoir négligé des étapes. Les premiers échanges ont été agréables et les gens en accord sur la base. On a ainsi passé les étapes préliminaires. Chacun se concentrent sur les éléments complexes et les zones de désaccord. Et là un blocage apparait et on ne sait pluss quoi faire. Peut-être que si on avait validé les étapes préliminaires, on aurait échappé à ces blocages.

La seconde erreur tient au fait que les protagonistes ont voulu aller trop vite, soit parce qu'ils voulaient absolument conclure, ou qu'ils n'ont pas compris la différence de timing entre les parties. Une différence d'analyse et de situation entre les parties s'est creusée, ce qui a abouti à un accord désagréable, voire à aucun accord. Vouloir aller trop vite ou trop lentement est toujours une prise de risque important, qui aboutit à des accords déséquilibrés.

Les autres erreurs fréquentes sont plus du côté de la gestion émotionnelle comme on l'a vu. Ces interférences émotionnelles apparaissent à un moment du processus. On peut revenir dans des phases plus amont du processus pour tenter de résoudre le blocage.

Un coach en solution voit dans un blocage une opportunité de créer une meilleure solution. Le blocage permet de reprendre la discussion et de faire tomber un mur, c'est-à-dire de changer la représentation d'un élément qui bloque l'avancée. Si l'on voit la négociation comme un processus, par exemple une suite de boites reliée par des flèches, alors on peut remonter le fil de ces boites pour rouvrir une nouvelle route, une nouvelle flèche, et trouver une nouvelle solution efficace.

Les protagonistes donnent des concessions, s'engagent sur des points précis uniquement avec des personnes avec lesquels ils ont une relation. Un négociateur concentré sur son processus et qui verrait l'autre partie comme un obstacle pour bien cocher sa liste d'actions aurait troqué la méthode pour l'objectif. Le processus qu'on décrit est une bouée de sauvetage, ça n'est pas une recette obligatoire. Il faut rester souple, à l'écoute et ne revenir au processus qu'en cas de difficulté.

Les stades émotionnels

La négociation est donc un processus qui engage des humains, émotionnels et rationnels, guidés par leurs objectifs et leurs affects. Nous sommes le jeu de forces émotionnelles dont nous ne sommes pas forcément conscients. Vouloir créer et gérer ces états chez l'autre partie relève de la manipulation. La base d'une relation solide et fructueuse sur le long terme est de considérer l'autre comme un partenaire, égal à soi-même et de ne pas essayer de le manipuler. Prendre en compte les états émotionnels des autres parties peut permettre d'avancer sans vouloir diriger. Tant qu'il s'agit de s'adapter à la personne en face pour continuer à construire ensemble, nous sommes du bon côté. Il ne s'agit pas de morale, il importe peu ici de discuter de ce qui est bon ou mauvais en négociation, mais bien d'efficacité. Tenter de manipuler l'autre, comme beaucoup d'ouvrages nous le présentent, n'est pas efficace sur le long terme. Une fois le comportement de manipulation mis sur la table, la perte de confiance est telle que les chances de piloter une négociation réussie sont devenues très faibles. Une négociation est fructueuse si les deux parties travaillent dans une bonne dose de confiance, si l'atmosphère est collaborative.

Le négociateur excellent cherchera donc à intégrer ces états émotionnels dans son processus de négociation. Globalement, il faut :

- Etablir une relation humaine
- Réduire le risque perçu
- Faire des propositions acceptables
- Echanger des engagements

Les étapes du processus de négociation

Globalement, nous voyons trois phases dans une négociation. Une phase de bases, une phase d'échanges et une phase d'engagement. Chacun pouvant prendre 3 minutes ou 3 ans. La dynamique d'une négociation est de :

- Etablir une relation, créer la confiance et poser les bases
- Poser le problème et faire des propositions
- Echanger et prendre des engagements

Cette structuration pouvant être répétée dans un cadre plus grand qu'on a découpé en petits morceaux.

Jean-Charles, directeur d'une société d'ingénierie, voulait vendre une prestation complexe à une entreprise industrielle. Sa négociation impliquait des accords sur des points différents : le périmètre fonctionnel : ce que le bureau d'étude allait produire, le prix, les délais de livraison. Lors de la première réunion avec le directeur technique, la discussion est partie un peu dans tous les sens. Jean-Charles comprit que sa première négociation serait d'obtenir un accord sur la procédure de cette négociation. Son objectif fut donc de faire accepter une discussion en trois phases dans trois réunions différentes. Une première avec le directeur du bureau d'étude de son entreprise et le directeur technique afin de cadrer un périmètre fonctionnel, puis une discussion avec le service achat sur les prix de la prestation, et puis une troisième plus simple sur les modalités de mise en œuvre. Son idée fut acceptée et les réunions cadrées.

La mise en œuvre d'un processus permet également de réduire le degré de complexité pour traiter un projet complexe en de multiples de petites négociations plus simples.

La préparation

Avant toute entrée en négociation, une étape de préparation est absolument nécessaire. Pour se préparer à réussir, il faut d'abord réunir un maximum de faits. Convaincre, c'est faire changer d'opinion par des faits. Le négociateur excellent aura donc pour objectif de réunir tout ce qu'il peut trouver qui permette de maitriser l'environnement du sujet de la négociation.

Au-delà de la récolte évidente des faits, il peut s'avérer très fructueux de préciser des opinions autour de la négociation. Comprendre la personne en face peut se préparer par des méthodes d'analyse psychologique. Des tas de solutions sont décrites pour appréhender la complexité des personnes. Comme dans les tests de personnalité utilisés en recrutement, on peut essayer d'objectiver la psychologie de l'autre partie par des classements dans des référentiels intéressants. Leur intérêt est d'apprendre à se décentrer pour éviter de penser que l'autre veut la même chose que soi.

L'autre point de la préparation est d'essayer de dessiner un brouillon de la carte de la négociation. On sait qu'un certain nombre d'arguments va être amené sur la table de la négociation. Préparer sa réponse, sa contre-mesure est évidemment quelque chose d'essentiel.

Les auteurs insistent aussi sur la préparation de la sortie de la négociation, en préparant sa Batna (meilleure alternative en cas de non-accord). Si nous sommes conscients des avantages d'une situation sans accord, alors nous ne serons pas aspirés par l'envie de trouver un accord à n'importe quel prix. C'est tout l'intérêt psychologique d'une préparation à la négociation.

Nous allons être influencé par les arguments de l'autre partie. Notre équilibre va être tiré pour chercher la cohérence et une solution acceptable lors de la verbalisation des arguments de l'autre partie. L'autre partie va essayer de nous influencer *« ce produit vaut 1000 euros », « une augmentation de 1% est ce qu'il se fait partout cette année », « ce type de projet peut être absolument accompli dans les temps ».* Pour garder le cap, pour garder sa certitude face à ces demandes, nous devons pouvoir évaluer ces propositions. Sont-elles bonnes, acceptables, dans quelles mesures. Nous devons émettre un jugement sur ces propositions, or ce jugement n'est possible que si l'on a soit même bâti un mur solide de données, de référentiels, de validité, de signification. Et la préparation a pour objectif de fournir des briques à ce mur.

Une bonne préparation permettra évidemment d'avoir des arguments solides pour influencer l'autre. Influencer, c'est recadrer le fait dans une signification différente *« c'est vrai que 30% d'augmentation de salaire, c'est complétement différent de l'habitude, mais c'est justifié par … ».* Influencer, c'est recréer une signification de ces 30%, c'est-à-dire recréer un cadre détaillant, justifiant, illustrant pourquoi ce 30% est acceptable et permettrait à l'autre partie d'atteindre ses propres objectifs, fussent-ils contradictoires. Pour arriver à créer ce cadre et à le tenir face aux coups de butoir des arguments de l'autre partie, il faut l'avoir préparé sérieusement.

Dans cette préparation, un autre aspect est essentiel, c'est la clarté des objectifs. Nous avons tous, l'autre partie et nous-même, des objectifs contradictoires : *« je veux des salariés motivés et efficaces et je dois maîtriser mon budget », « je veux bien m'entendre avec mon conjoint, mais j'ai besoin de sentir ma liberté de choix », « je veux obtenir une réduction du prix de ce produit, mais je n'ai pas le temps de chercher une alternative ».* Les négociations sont malheureusement trop souvent des moments ou une des parties essaie de résoudre ses propres contradictions. *« Je veux tout et son contraire, je n'arrive pas à me décider, je vais donc discuter avec cette personne et exiger d'obtenir tout ce que je veux ».* C'est un jeu de projection de ses propres contradictions. Pour échapper à ce jeu, nous devons clarifier fortement nos objectifs, renoncer à nos rêves infantiles de toute puissance, et être capable de se concentrer sur des objectifs atteignables. Seule une bonne préparation permet de définir ces objectifs. C'est évidemment difficile, parce que les objectifs possibles dépendent de la personne en face.

Nathan, comptable, voulait obtenir le paiement d'une facture par un de ses clients, mauvais payeur. Il prépare son objectif : être payé de sa facture. Mais pendant la préparation, il se dit *« je ne connais pas la trésorerie de mon client, peut-être est-elle basse et qu'il ne pourra pas la payer, donc on verra ».* Evidemment il n'a pas réussi à se faire payer. Préparer c'est aussi faire la liste des faits qu'on connaît et ceux qu'on ne connaît pas, ces faits qui influencent fortement le résultat. Le mieux est de faire des hypothèses et des scénarios. *« En fonction de ceci, je vais faire cela ».* Un autre travail est sans doute nécessaire, celui de définir des objectifs imbriqués. D'abord s'accorder sur la légitimité du paiement de facture, puis sur le besoin partagé de solution, avant d'imaginer des scénarios de paiement.

Toute cette préparation permettra aussi de faire baisser le risque perçu, elle raffermira la confiance en soi et donnera au négociateur excellent une force pour résister à ses propres peurs, aux jeux de pouvoir et lui permettra de libérer son pouvoir de coach créatif en solution efficace.

Il existe des moments où sa capacité de préparation est réduite, notamment pour des discussions rapides ou improvisées. On peut aussi se retrouver en situation ou les arguments, les discussions vont au-delà de la préparation, autrement dit on se retrouve pris au dépourvu. Deux choses sont possibles : ajourner ou improviser. Ajourner, c'est négocier de négocier un peu plus tard. *« Là, je ne sais pas, je suis un peu confus sur ce point, il faut que je fasse le point, peut-on en parler demain ? ».* Improviser, c'est très risqué. Le mieux est alors de se positionner en situation d'écoute totale. C'est un réflexe puissant à acquérir, lorsqu'on ne sait pas, lorsqu'on se sent débordé, perdu, en perte de maîtrise, il faut poser des questions. Un réflexe de pouvoir que nous avons tous est d'essayer de ramener la discussion sur un terrain connu, de clore les ouvertures et de devenir rigide « je veux qu'on parle de cela, et uniquement de cela ». Pour déminer cette situation périlleuse, poser des questions est un excellent réflexe : *« pourquoi cela, dans quel cadre, quel est le référentiel »* et en même temps essayer de repenser aux fondamentaux de la préparation : *« Quel est mon objectif principal ici, quelles sont les limites que je me donne, qu'est-ce que je maitrise ici et qu'est-ce qui m'échappe »*. Puis de se retourner vers l'autre pour comprendre ces mêmes fondamentaux chez l'autre partie.

Ouverture d'une négociation

La première partie d'une négociation est évidemment l'ouverture. Il est très difficile de donner un temps unique, de distinguer le moment du début d'une négociation. Dans le cadre de négociation simple et cadrée, comme la vente d'un produit à un client, on peut facilement pointer le moment du début (la première discussion autour du besoin du client). Dans des négociations complexes, il est impossible de dater. Quand les négociations israélo-palestiniennes ont-elles commencé ? Quand avez-vous commencé à discuter des vacances d'été avec votre conjoint ? Depuis quand l'idée que vous devriez avoir une augmentation vous trotte-t-elle dans la tête ?

L'ouverture dépend évidemment de l'œil qui regarde. Celui qui dirige la négociation, l'expert qui intervient à un moment précis où le manager pressé d'aboutir n'auront pas la même définition de ce qui caractérise le point de départ. De plus il n'y a pas de modèle unique de négociation. Chacune commence différemment de l'autre.

Un risque important est que les deux parties n'aient pas la même définition du moment du début des négociations. C'est un effet narratif qu'on voit dans les films, quand le héros comprend trop tard que la négociation a déjà commencé. Il y a donc un risque de décalage dans les deux parties. C'est pour cela qu'il est important d'avoir un accord sur ce point. L'ouverture d'une négociation est donc quand les deux parties sont conscientes d'être en train de négocier. La présence de l'implicite étant toujours une source majeure de difficulté, on ne saurait trop recommander d'expliciter le début d'une négociation, d'établir les bases, de souligner le moment. *« Je crois que maintenant, nous allons pouvoir commencer à discuter ». « Je voudrais maintenant prendre un temps pour discuter de ce point ».*

On peut aussi décaler le début d'une négociation. Dans la vraie vie, des situations sans commencement formel sont quotidiennes : *« Arrivé en salle de réunion, le groupe n'est pas réuni mais la personne en face de moi commence déjà à me parler de ses difficultés, de ses besoins, de ses désirs. Ou bien, lors de mon entretien annuel, mon manager prend la parole et dans une phrase alambiquée me dit que mes résultats sont bons, j'ai commis quelques erreurs et que les augmentations seront faibles cette année. »*

Le coach en solution doit maîtriser le processus et demander un ajournement ou énoncer qu'il désire parler par étapes. Face à des sollicitations peu structurées, c'est le rôle du coach en solution d'amener une structure, un processus. Si la personne en face est très structurée dans son approche : *« je voudrais d'abord vous parler de vos résultats de l'année écoulée, puis nous parlerons des objectifs de l'année prochaine, puis nous finirons par parler augmentation »*, le coach en solution va pouvoir se concentrer sur le contenu, plus que sur le processus.

Le demande de marquer les étapes, de donner une structure est une requête parfaitement neutre, non agressive. On remet les compteurs de la discussion à zéro et la discussion recommence. Il vaut toujours mieux passer pour une personne psychorigide qui insiste sur le cadre que d'être dépassé par un agenda qu'on ne comprend pas.

Quand on arrive dans un hôtel dans un pays étranger et que le réceptionniste nous parle dans une langue que l'on maîtrise mal, on ne va ni l'insulter ni s'énerver, on va lui demander de réexpliquer lentement ou est la réception, l'ascenseur, la chambre et quels sont les papiers à remplir. Entrer en négociation en s'imaginant dans un pays étranger dont on maîtrise mal les codes peut être une bonne image interne pour avoir la bonne attitude de recherche de processus et d'accords.

La marque formelle d'un début de négociation peut être extrêmement visible, par exemple si on se réunit dans une salle et qu'on attend que tout le monde soit assis et que quelqu'un présente un agenda, ou bien si on débute une réunion téléphonique avec un horaire précis. Mais dans beaucoup de cas, une négociation, ou une partie de cette négociation prend place dans l'informel. La culture latine est d'ailleurs friande de ces moments « entre deux » qui déstabiliseront nos voisins allemands ou anglo-saxons : discussion entre deux portes, négociation à l'heure du café ou du déjeuner, discussion sans en avoir l'air. Ce type de processus est souvent à l'initiative de personnes qui veulent se sentir en position de force en étant informel, comme si la déstabilisation de l'autre qu'on « attrape entre deux portes » permettait d'obtenir plus.

S'il se sent déstabilisé par une demande incongrue ou dans un moment qui n'est pas formel, le négociateur excellent ramènera la discussion à sa place, c'est à dire il la raccrochera à un processus plus long *« Donc vous voulez que nous reparlions de ce point »*, *« voulez-*

vous revenir sur un des points dont on discutait tout à l'heure ?» La tactique de l'interrogation des intentions de l'autre partie, chaque fois qu'on se sent déstabilisé est très utile. Le négociateur est toujours légitime à exprimer son besoin de revenir un peu en arrière. La reformulation est l'arme absolue pour temporiser afin de mieux reprendre conscience du processus.

Mais la question du début des négociations peut être plus complexe. Dans des dossiers longs et à rebond, la négociation dure plusieurs jours ou plusieurs mois et pouvant avoir lieu à plusieurs endroits avec plusieurs groupes. Les négociations diplomatiques ne commencent et ne s'arrêtent vraiment jamais, les discussions entre centrales syndicales et gouvernement non plus, elles sont rythmées par des événements, mais peut-on fixer le moment où elles ont commencé ? A quel moment décrète-t-on qu'il s'agit bien du commencement ?

En poussant à l'extrême, on pourrait dire que toute interaction professionnelle est une négociation, c'est-à-dire un moment de discussion entre parties dépendantes pour trouver un accord d'action. Dans cette vision, il n'y pas de début de négociation, il n'y a que des négociations permanentes, plus ou moins intenses à certains moments.

Il faut donc se tenir prêt à négocier à tout moment. Après la maîtrise des processus, le second réflexe à développer dans la gestion des négociations, c'est de saisir les opportunités et d'être conscient des temps longs. A chaque discussion, un petit objectif, qui prends sa place dans un temps long. Quand on ne sait pas où l'on va, on fait un juste un pas dans ce qui apparaît la bonne direction.

Pour commencer une négociation, il faut donc tenter d'établir le camp, planter des piquets pour déterminer le lieu de la négociation, en prononçant des mots structurants *« Je voudrais maintenant parler de ceci »*. On l'a vu, la négociation est un chemin escarpé entre des tas de pentes dangereuses : les jeux de pouvoir, les dépendances affectives, les triangles de jeux psychologiques. Le négociateur détache le moment de la négociation du reste des échanges en plantant le décor, en parlant d'un agenda.

Avant cela, le négociateur aura suscité un climat de confiance, aura construit une relation. Si nous avons été servis d'un plat froid dans un restaurant, c'est une opportunité. On n'obtiendra pas son remboursement en se plaignant, en critiquant, en criant. Mais en allant voir le serveur ou le maître d'hôtel et en échangeant quelques mots avec lui pour passer de « client anonyme » à « ce client ici et maintenant ». Ensuite on parlera du plat froid. Discuter de la pluie ou du beau temps, c'est une caresse sociale, un monologue à deux pour occuper le temps dans l'ascenseur. Demander à l'autre s'il a pris son parapluie, c'est créer une relation. Ouverture et questionnement de l'autre sont les maîtres-mots. Vous voulez que votre garagiste vous fasse une fleur dans la grosse facture qu'il va vous présenter, commencez par vous intéresser à lui, son business, son quotidien. Il y a tellement peu de gens qui s'intéressent vraiment aux autres, que ceux qui le font gagnent beaucoup d'avantages. Dale Carnegie l'a dit il y a fort longtemps, et ça n'a pas changé.

Dans un échange formel, si nous sommes conviés dans une salle de réunion avec agenda, position en face de l'autre partie et des choses lourdes à discuter, là aussi, il faut bâtir le socle de la confiance. Echanger, discuter, poser des questions légères à l'autre et donner des gages d'intérêt. Certains pensent qu'il faut montrer son esprit de sérieux, son inflexibilité et sa force. Le jeu de pouvoir donne des petits gains à court terme et des pertes à moyen terme. *« J'aime beaucoup votre restaurant, votre décoration est agréable »* dira-t-on au restaurateur au plat froid, *« quelles sont vos ambitions pour votre restaurant ? »*

Un négociateur excellent commencera ensuite à établir sa crédibilité. L'exemple du plat froid pourrait être *« vous savez, je vais au restaurant presque tous les jours ».* Autrement dit *« je suis un expert, je sais de quoi je parle ».* En négociation commerciale, ce serait de raconter une histoire sur le sujet de la négociation. *« J'ai visité beaucoup d'entreprise comme la vôtre »,* ou tout autre idée qui amène du corps à la présence de la personne.

L'objectif de l'ouverture est de fixer l'agenda, ou en tout cas de clarifier le temps de la négociation, d'ouvrir une relation de confiance et d'assoir sa crédibilité. Une fois cette ouverture réalisée, on peut commencer à négocier.

Etablir les bases : objectifs, faits, process

La véritable première phase des échanges d'une négociation consiste à établir les bases. On construit une maison solide sur des fondations solides. Etablir les bases, c'est s'accorder sur ce qui est en commun, sur ce qui n'est pas l'objet de la négociation. Il convient de tracer un cercle autour des difficultés, en mettant les premiers accords en dehors de ce cercle.

Les bases de la négociation

Un processus de négociation commence par cette étape essentielle qui est d'établir les bases. Il est extrêmement tentant de passer rapidement sur ce point et de penser qu'il s'agit d'une perte de temps de parler de ce dont il faut parler. Au début d'une négociation, on est tendu vers le contenu de la négociation, on est impatient de pouvoir convaincre et tenter d'obtenir ce qu'on veut, le risque est grand de brûler les étapes préliminaires.

Mais de grandes incompréhensions qui feront apparaître de grandes tensions peuvent naitre dans ce moment où l'on ne parle pas encore du fond et où on met au point la forme : qui sont les personnes, de quoi va-t-on parler, quel est l'agenda, quelle est ma capacité à négocier. Chacun a peur de dévoiler un atout, chacun veut entrer dans le dur, et on néglige de parler des bases.

Dans une situation très tendue, dans des discussions entre syndicats ou entre groupes complexes, la discussion sur les formes de la négociation est déjà une négociation. Savoir ou vont physiquement prendre place les discussions est déjà une source de conflits. En diplomatie, on peut discuter des semaines sur la place que chaque personne aura autour de la table, si chacun pense que cette place possède une haute valeur symbolique. Il paraît que la place sur le podium télévisé qu'ont les candidats aux élections présidentielles est négociée âprement pendant plusieurs jours.

Dans la plupart des cas de nos négociations quotidiennes, la partie formelle servant à fixer le cadre de la négociation sera réduite, voire inexistante. On ne va pas discuter des places dans le bureau lorsqu'on discute de son évaluation annuelle. L'habitude prime ici, car c'est sans enjeu. Pourtant il y a un intérêt à discuter sur la discussion, c'est-à-dire de s'entendre sur le sujet de la négociation, qui parle, quels sont ses mandats, etc. On peut alors mettre à jour des éléments clefs. En discutant des bases de la négociation, on discute directement du contenu : quelle représentation a-t-on de cette question, quelle volonté d'aboutir, quelles peurs, limites etc.

« Je voudrais parler de notre projet de partir en vacances avec les Dupont parce que je ne crois pas que ce soit une bonne idée, je sais que tu y tiens, mais je préférerais aller à la montagne, ou bien alors dans une maison plus proche de la mer parce que là, ça va être compliqué et c'est encore moi qui vais devoir me charger de tout. » entend le négociateur excellent de son/sa partenaire. Voilà une base de négociation ou tout est mis sur la table d'un seul coup.

« Donc tu veux discuter de notre projet de vacances ? » répond-il, en essayant de séparer les phases et en indiquant le cadre de la négociation, en coupant en morceaux une discussion complexe. Reformuler, poser des questions, pratiquer l'écoute active, ce sont les outils relationnels pour gérer le processus et bâtir peu à peu, en commençant par les bases.

Un aspect de ces discussions préliminaires est aussi de distinguer ce qui sera négociable de ce qui ne le sera pas. Chacun peut arriver à la table des négociations avec des points précis qui relèvent strictement de cette catégorie : voilà ce dont je veux parler. L'adage classique « tout est négociable » reste vrai. Un négociateur excellent prend en compte ce qui, dans l'esprit de l'autre partie, est négociable et ce qui ne l'est pas. Cela permet d'ouvrir les débats avec une atmosphère de coopération. Evidemment le « non-négociable » sera négocié plus tard ou autrement. Car c'est le plus souvent dans le « non négociable » que se trouve la négociation, parce que sinon cette discussion n'est que de la mise au point d'un accord précédent.

L'objectif de l'ouverture est donc de trouver un accord sur la méthode, sur la façon de négocier, le temps, la durée, le contenu. De quoi va-t-on discuter, comment va-t-on négocier, qui va négocier. Il faut avancer par petit pas. Et ce premier pas est donc important : il s'agit d'établir les bases.

Dans cette phase, il faut expliciter, il faut verbaliser, il faut mettre sur la table les points précis. On peut parler de la méthode, parler du temps d'échange, établir le rôle de chacun des protagonistes, parler de ce qui est discuté. Tous les éléments qui ne sont pas l'enjeu de la négociation mais son environnement. On pourrait parler du contenu de méta-négociation. C'est-à-dire une négociation sur la négociation.

Un risque essentiel est de négliger cette partie, de passer outre, de penser que c'est une perte de temps. Or au départ, on va fixer des ancres, des règles. Par besoin de cohérence, chacun se conformera ensuite à ses engagements pris dans cette phase. Or si on établit qu'on travaillerait en bonne entente, qu'il n'y a pas de pression pour arriver rapidement à un résultat, on crée un précédent, une ancre, qui permettra de ramener la discussion à ces principes en cas de dérive. Si on soupçonne l'autre partie de vouloir utiliser des manœuvres tacticiennes, on peut également les verbaliser. Par exemple si une des parties a l'habitude de « jouer la montre » pour essayer de contraindre, on pourra dire *« Je comprends que vous vouliez conclure rapidement, toutefois je crois que cette discussion est essentielle et qu'il est important qu'on arrive à un accord bénéfique, quel que soit le temps que cela peut prendre »*. Ou au contraire *« je comprends que vous ne soyez pas pressé de prendre cette décision, mais mon besoin est d'avoir une décision finale ce vendredi, pensez-vous qu'on puisse se fixer ce cadre ? »* La manipulation commence toujours par essayer d'enfermer la victime dans un cadre à forte contrainte. Poser son cadre dès le début permet d'éviter de se retrouver enfermé dans le cadre de l'autre.

Avec des interlocuteurs nouveaux, inconnus, on essaiera de partir du cadre le plus large possible « je suis heureux d'avoir l'opportunité de discuter de ce point avec vous et je suis sûr que nous allons trouver un accord », pour descendre vers un cadre de plus en plus précis, en termes de temps, de personnes, de champ de négociation. *« Je vous propose de discuter pendant les 20 minutes qui restent du délai de livraison de votre offre 125AG ».*

Ce cadrage va révéler les enjeux de la négociation. Si le cadre proposé est accepté, alors on peut descendre dans les détails, jusqu'à trouver une zone de désaccord. Etablir les bases, discuter du cadre permet d'éviter des écueils futurs.

Le réflexe important est évidemment de ne pas sauter directement dans l'étang du contenu et de distinguer le cadrage de la discussion en elle-même. Une bonne pratique est de noter les différences entre la zone d'accord et la zone de désaccord : *« nous sommes d'accord sur tel point et sur cet autre, il y a encore des choses à régler sur cet autre point ».* En gérant le processus, on sépare les phases, on fait des petits pas, des engagements concentriques.

Une deuxième raison pour laquelle il faut insister sur l'importance de l'ouverture est que le ton de cette phase va fixer l'atmosphère du reste de la discussion. Commencer par créer un environnement de confiance va mettre la négociation sur les bons rails. « Je suis heureux de discuter avec vous et je suis sûr qu'on va trouver un accord », cela permettra plus facilement d'obtenir des engagements qu'un « bon, on discute de cela, maintenant ». Le « Small talk » a pour effet de laisser les protagonistes dans une humeur positive. Une bonne négociation ne peut aboutir que dans une zone de confiance. Cette zone est plus ou moins grande, plus ou moins forte, mais elle est nécessaire, on l'a vu. Créer au départ cette zone de confiance est essentielle pour aboutir à un échange fructueux.

Plus tard, cette atmosphère peut évoluer. Si tout a bien commencé, mais que des fortes tensions s'accumulent, on pourra toujours appeler les principes évoqués dans la phase d'ouverture pour les diminuer. *« Je vois que nous avons des désaccords et je sens que tout est tendu ; comme nous avions convenu d'une discussion en confiance, je vous propose de faire une pause pour retrouver ce climat de confiance »*. La désescalade émotionnelle sera facilitée par le recours à la cohérence aux principes de départ, sur lesquels on a obtenu un premier engagement.

Les objectifs

Lors de cette phase de départ, nous devons clarifier les objectifs communs et différents. Le but du négociateur est alors de faire articuler, verbaliser les différences. Idéalement cette phase arriverait à faire verbaliser aux protagonistes quelque chose comme « J'ai compris que vous voudriez ceci, moi je voudrais cela, nous allons chercher une solution à deux ».

Avant cela, il faut évidemment avoir en tête ses propres objectifs. Comme on l'a vu, clarifier ses propres objectifs est une phase en soi. Faire le tri entre les objectifs prioritaires et secondaires, taire ses besoins psychologiques personnels et avoir suffisamment confiance en soi pour être ferme sur l'expression de ses besoins nécessitent déjà une préparation mentale digne d'un sportif de haut niveau. Préparer sa BATNA est un outil pratique pour réaliser ce travail.

Ces objectifs doivent rester souples. Si vous voulez obtenir une annulation d'un contrat qui vous lie à un fournisseur, il ne faut pas rejeter en bloc une proposition qui suscite l'idée d'une remise en cause partielle. *« Nous ne pouvons pas annuler le contrat, mais on peut trouver un arrangement »*. Evidemment certains peuvent penser en terme tactique. *« Si j'accepte de remettre en cause uniquement la moitié de ce contrat, alors l'autre va prendre cela comme acquis et on sera bloqué et je n'obtiendrai pas la remise en cause totale, donc il vaut mieux que je demande du tout ou rien »*. Penser en terme tactique, c'est se penser plus intelligent ou plus fort que l'autre partie. C'est croire qu'on peut anticiper les mouvements de l'autre. Cela procède du besoin de contrôle ; *« je m'imagine des tactiques, car je vais pouvoir contrôler la relation »*. C'est le contraire de l'esprit de coopération. On n'est jamais certain d'être plus intelligent que l'autre et surtout on crée une barrière, on instille l'esprit de bataille, on incarne celui qui pousse vers les zones de l'affrontement, qui ne sont jamais fertiles. L'énergie psychique est par nature limitée, si on la concentre sur les tactiques, elle n'est pas investie sur la capacité à piloter la relation. Donc le principe fort, énoncé dans ce livre est : ne pas penser en terme tactique, tout simplement, sauf pour les négociateurs ultra-brillants. La seule tactique à intégrer, c'est d'essayer dans cette phase préliminaire de rester en dehors de la zone de désaccord. La seule tactique valable est de toujours de repousser ses propres engagements avant d'avoir épuisé les autres parties du processus, c'est-à-dire distinguer la phase exploratoire de la phase d'engagement.

Le but poursuivi ici par le négociateur excellent est donc de comprendre les objectifs de l'autre. Comprendre son point de vue, ses idées, ses avancées, ses blocages. Il faut poser des questions, des tas de questions, des millions de questions. Il vaut mieux perdre du temps à écouter des digressions peu intéressantes d'un protagoniste bavard que de négliger cette partie. Puisqu'on a établi un climat de confiance et de coopération, fort ou relatif, l'autre partie devrait se sentir suffisamment en sécurité pour exposer son point de vue. S'il ne l'est pas, nous devons renforcer cette confiance. *« J'ai envie de trouver un accord », « je suis sûr qu'une solution est possible ». « J'ai bien compris que vous vouliez ceci ».*

Ensuite et seulement ensuite, nous devons exposer nos objectifs contradictoires. *« Ce que je voudrais, c'est obtenir une négociation d'au moins 7% », « j'aimerai vraiment aller à la mer », « Ecoutez je crois qu'un geste est nécessaire, car vous êtes un pressing sérieux et vous me rendez une chemise avec une tâche et j'ai perdu du temps et de l'argent ».* Immédiatement, nous devons légitimer nos objectifs. Ce que nous demandons est-il légitime, réel, faisable et désirable ? Pour ralentir la machine à critique, pour ne pas laisser la porte ouverte à la peur que l'autre ressent de perdre le contrôle, nous devons inclure nos objectifs dans un réseau de significations partagées. L'autre partie doit pouvoir accepter ces objectifs, les reconnaitre comme valables, basés sur un référentiel commun. Nous devons cadrer nos objectifs non pas dans notre seul intérêt *« cela me serait très utile si vous me donniez une augmentation »*, mais dans le sens du travail commun *« j'ai plus de responsabilité aujourd'hui, je pense mériter une augmentation ».*

Si l'autre partie a fait le même travail, cette phase sera simple, facile et rapide. La confrontation au réel est malheureusement riche de leçons inverses. L'autre partie peut être confuse, contradictoire et méfiante dans son expression. Dans des négociations très maîtrisées, l'autre partie va avancer pas à pas dans le même rythme, mais face à des personnes peu expérimentées ou manipulatrices, nous affronterons un discours confus.

En pratiquant l'écoute active, en posant des questions ouvertes, en reformulant, en explicitant des résumés partiels, on arrivera à clarifier et préciser les objectifs communs et différents entre les parties.

La négociation se situe entre un échange simple : *«je veux ton pull rouge et tu veux mon pull gris, échangeons »* et un échange impossible : *« je veux la plus grande part du gâteau et toi aussi »*. Donc fixer les objectifs, c'est le moment ou l'on pose le constat des désirs différents et celui de la différence qui reste à parcourir.

Evidemment les objectifs des deux parties sont rarement compatibles au premier échange. Et puisque les protagonistes sont en négociation, c'est bien que leurs objectifs réciproques sont interdépendants.

« Je veux obtenir une réduction du délai de livraison des produits que je vous achète, mais ce délai est lié au prix que vous me faites. Ce prix n'est acceptable que dans une certaine limite maximum. Et je voudrais que votre prix baisse et je peux m'engager sur un délai de paiement plus court ». Rien n'est simple, et toute idée est liée à une représentation du monde sur lequel chacun peut discuter des heures.

Entendre des objectifs contradictoires, c'est anxiogène. Détailler ces objectifs, qui sont liés à un système de représentation complexe, c'est anxiogène. La machine à anticiper peut s'emballer, les mécanismes de défense se réveillent et l'émotif peut prendre le dessus. C'est au moment de l'exposé des objectifs contradictoires qu'une négociation peut s'emballer. *« Ah mais tu me demandes 7% d'augmentation, mais ce n'est pas possible, je dois répartir une enveloppe entre chacun et tu as déjà eu quelque chose l'année dernière, et tes résultats ne sont pas si bons. C'est impossible, tu auras 2% et c'est tout, c'est à prendre ou à laisser »*, tout cela prononcé d'un seul souffle : ce n'est pas la marque d'un processus maitrisé.

Le négociateur excellent devra montrer alors le meilleur de lui-même, dépassionné, concentré, tourné vers l'autre. Si les choses s'emballent, pourquoi ne pas se répéter. Si une discussion nous échappe, on peut répéter ses objectifs. *« Je comprends ces points, mais mon objectif est d'obtenir une augmentation, et cette demande est légitime »* pour telle et telle raison. Restons maître du processus : entrer dans le cadre de l'autre est déjà une concession. Si ce cadre est très émotionnel, c'est une concession de trop. Il faut toujours donner des gages pour augmenter le capital confiance « je vois que nous sommes en désaccord, on va discuter pour trouver une solution ». Mais il ne faut jamais être happé dans le cadre de l'autre partie.

Souvent des protagonistes entrent en négociation avec des objectifs contradictoires et restent coincés dans leurs contradictions. Le coach en solution aura donc pour travail de faire naître une idée qui permette de s'en sortir, c'est-à-dire de verbaliser ces objectifs contradictoires et d'arriver à les hiérarchiser et à faire accepter de ne satisfaire que les plus importants. Ramener une personne à ses contradictions pour faire baisser son esprit critique est une tactique manipulatoire. Elle peut être perçue comme agressive. Il est vrai qu'elle peut parfois être efficace. Le coach en solution doit donc être dans une attitude d'ouverture et de bienveillance pour ne pas lever les murailles de la peur, sans manipulation. Donc il faut faire verbaliser les objectifs contradictoires de manière agréable : « je vois que vous voulez ceci et si possible cela également ». Valoriser l'autre, sans appuyer sur ses points de douleurs, comme ses contradictions, permet de réussir cette phase de distinction entre objectifs communs et séparés entre les parties.

Les faits & les standards

Il est extrêmement tentant de se jeter dans des discussions enflammées et d'argumenter, de contre-argumenter, puis de chercher immédiatement une solution, l'évaluer, voir qu'elle n'est pas applicable, en imaginer une autre, etc. Cette discussion à bâton rompu suit le fil des pensées, elle n'est pas la plus efficace. Suivre un processus en maîtrisant le rythme est la marque des excellents négociateurs.

Par ailleurs pour éviter de se retrouver à contre-argumenter au moment inefficace, nous devons essayer de différer ce moment. Le but de cette phase est d'établir une première zone d'accord autour des faits et des standards. Une date, un chiffre, une durée, quelque chose d'établi et de reconnu par les deux parties permet de ne pas entrer immédiatement dans les échanges, au sens propre, et les débats. Avancer à petit pas est la meilleure méthode.

Une partie des discussions de départ consiste donc à rappeler les faits. La première raison est qu'un fait est indépendant de l'analyse, de l'interprétation qu'on en a. Elle permet de définir une zone d'accord, une zone à l'intérieur de laquelle sont contenus les objectifs pour l'instant irréconciliable, mais qui est bornée par une muraille d'accords basée sur des faits solides. Cette muraille d'accords est d'abord composée des conditions de la négociation, elle se renforce par des faits, des standards, des chiffres que l'on partage.

Les désaccords, les incompréhensions naissent d'une interprétation différente des faits. *« 20 000€, c'est trop cher », « cette clause contractuelle de remboursement crée un risque juridique pour moi », « 5000€ d'augmentation annuel, mais personne n'a eu cela dans notre entreprise cette année ».* Un fait, un chiffre, une valeur ne veulent rien dire en soi, ils ne sont intéressants que dans un réseau de signification. Et c'est cette signification qui va changer dans l'argumentation. Il est donc extrêmement bénéfique de trouver des faits communs pour pouvoir bâtir par l'argumentation, par la conviction, une signification différente. Dans ce cadre, le standard est le passe-partout de la négociation. Le fait, c'est ce qui n'est pas contestable, ce qui ne créé pas d'incertitude, ce qui est une ancre dans un océan de risques.

Ce standard peut aussi être un standard intellectuel ou moral. Quelque chose auquel on se réfère. *« Est-ce que votre restaurant a pour habitude de servir des plats froids ? »* dit-on au serveur qui a servi un plat froid et avec lequel on négocie une ristourne. Non, bien sûr, qui répondrait oui à cela ? Nous sommes à la limite de la manipulation. Pour être plus authentique, on peut imaginer une phrase du type « nous sommes d'accord que votre restaurant sert des plats chauds ? ».

Ces faits et chiffres deviennent une base de discussion, une fondation sur laquelle on va construire le reste de la négociation. Sans élément en commun, une discussion risque de partir dans tous les sens, sans limite à l'expression de la volonté d'une des deux parties, avec la conséquence d'une négociation conflictuelle, ou l'enlisement dans une discussion cachant une stratégie d'évitement.

Il y a deux bases de chiffres que l'on peut utiliser comme début de négociation : les chiffres d'une des deux parties ou bien des standards extérieurs. Par exemple, on prend l'idée de base de l'autre partie et on interroge pour comprendre les intérêts, les besoins, pour comprendre la personne.

L'idée d'un standard est d'avoir une base de référence pour construire un début d'accord, comme un avis extérieur, indépendant. Il faut donc chercher un standard commun. Dans beaucoup d'industries, il existe des habitudes, qui font office de standard : on règle les factures à trois mois, on augmente les prix du niveau de l'inflation, on facture les consultants informatiques 600€ par jour.

Evidemment une fausse barbe de la négociation est de donner des chiffres en affirmant qu'il s'agit de standards indépassables, « c'est comme ça ici, c'est standard dans notre entreprise », « on n'a jamais fait autrement », alors qu'il ne s'agit que d'habitude, qui peuvent devenir des éléments à négocier.

La réponse immédiate qu'il faut avoir face à toute rigidité, c'est *« est-ce qu'il y a déjà eu une exception ? »*. Par exemple dans une demande de réduction de prix : *« C'est standard, nous ne faisons jamais de réduction sur ces articles »*, *« est-ce qu'il y a déjà eu une exception sur ce point dans votre entreprise ? »*. En distinguant l'habitude, qui est un argument tellement facile à mettre en avant, du standard, qui est la valeur de référence, on peut faire entrer dans le champ de la discussion des choses qui autrement en auraient été exclues. Le négociateur excellent devra être subtil dans cette discussion : le standard est non contestable (le chiffre de l'inflation, les règles de droit, les habitudes complétement partagées dans une industrie), la règle locale procède d'une décision, d'une habitude d'une des parties.

Pour désamorcer les jeux de pouvoir, il faut être extrêmement clair sur les faits. Une manière classique d'influencer les gens consiste à mentir, exagérer ou faire peur. C'est-à-dire faire agir la machine à extrapoler dans le sens de l'anxiété. *« Si nous ne concluons pas maintenant, de gros problème vont arriver », « si vous ne cédez rien, je vais tuer un des otages »,* dira un terroriste qui refuse le compromis. Face à l'exagération, nous essaierons de ne pas rentrer dans le cadre. C'est tout l'intérêt des standards, c'est de pouvoir revenir à quelque chose de partagé et sortir du cadre imposé par l'autre partie.

Le négociateur excellent verra arriver la volonté de jouer les gros bras, le jeu de pouvoir et essaiera de toujours ramener la discussion sur ces chiffres, ces faits et d'essayer de reprendre le fil de la discussion sur cette base dépassionnée et partagée. Si cela ne marche pas, nous repartirons vers la base commune la plus proche, celles des objectifs partagés et nous chercherons une autre possibilité, d'autres chiffres partagés, d'autres standards.

Face à un acheteur difficile, Xavier, vendeur de travaux d'imprimerie, s'était accordé sur le principe de discuter des prix de gros d'impression de catalogue. Le seul standard possible était le prix des années précédentes. Xavier était conscient de la demande de baisse de prix, alors que l'objectif qui lui était assigné était de conserver ses marges. La discussion devenait désagréable et bloquée. Xavier est revenu en arrière, a relancé la discussion sur l'accord tacite de continuer à travailler ensemble et la satisfaction actuelle. Puis il a détaillé ce standard des prix des années précédentes en légitimant l'objectif de se conformer à ce cadre (nos coûts n'ont pas baissé, etc.).

Pour sortir du blocage, il a imaginé inclure d'autres éléments dans le cout total. L'analyse des parties s'est basée sur une analyse de ces autres coûts et la négociation a pu avancer.

Parfois, chacun est légitime dans ses propres standards, mais ils restent incompatibles entre eux. On peut alors imaginer le recours à une troisième partie, un test extérieur qui peut amener un chiffre, un fait qu'aucune des deux parties ne peut remettre en cause.

Le négociateur excellent prendra du temps pour préciser et détailler. Il passera du temps à expliciter les données, les faits et les chiffres. Il essaiera de raccrocher ces faits à des standards acceptés et donner du sens à tout changement dans ces chiffres par rapport au réseau de signification de la personne en face.

La meilleure pratique reste de bâtir sur les idées de la personne en face. Pendant la phase d'approche de la négociation, le négociateur excellent a passé du temps à poser des questions, interroger les motivations, comprendre comment les choses se passent dans la tête de l'autre partie. De ces interrogations sont forcément sorties des idées, et mieux des faits, des données, donc les standards de l'autre partie. Sur ces faits, le négociateur excellent bâtira des propositions, des scénarios, qui seront forcément acceptables par l'autre partie.

Trouver des accords

L'objectif de la négociation est bien sûr de trouver un accord global sur le sujet : une augmentation de salaire, un prix de vente, un contrat juridique. Pour aller vers cet accord global, le cheminement peut être long et compliqué. Une stratégie classique est de trouver des accords partiels sur certains points dans un premier temps. Cela permet de créer une atmosphère de dialogue, de confiance, de résolution qui est nécessaire pour arriver à traiter les points litigieux ou plus difficiles.

Ce n'est pas entrer dans la manipulation que de vouloir saucissonner une discussion difficile. Cette stratégie s'appuie sur la connaissance et la compréhension de la dynamique relationnelle. On ne conclue d'accord qu'avec des personnes et des groupes avec lequel on entretient des relations de confiance. Les accords incrémentaux permettent de bâtir sur la confiance. En cours de discussion, nous pourrons toujours le rappeler. *« Bon, ce point est encore en discussion, mais nous avons déjà des accords partiels »*. Cela abonde la création de confiance et permet de créer la dynamique relationnelle voulue.

L'objectif des accords partiels est d'essayer de circonscrire la zone de désaccords. En créant une zone où se trouvent des accords, autour de la zone de difficulté, on facilite l'avancée. Se laisser gagner par un esprit de confusion est un des risques les plus importants d'une négociation. En séparant le bon grain des accords de l'ivraie des difficultés, le négociateur permet de faire avancer la relation et la discussion.

Trouver verbalement une zone d'accords partiels est aussi recommandé. Dire *« nous sommes d'accord sur ceci et cela »* permet de prendre ces points et de les considérer pour acquis. Ils deviennent un nouvel engagement, une nouvelle référence à laquelle on se réfère en cas de difficulté ultérieure. Imaginons un jeu de l'oie ou on ne pourrait pas redescendre en deçà d'une certaine case, une fois franchie. Trouver des accords partiels permet donc de monter vers la fin du jeu de l'oie.

Cette technique permet aussi de réduire la peur de ne pas arriver à un accord, réduire la peur de rater sa négociation. Quand un manager motive ses équipes, il essaie d'avoir des « quick wins », c'est-à-dire d'obtenir rapidement des résultats tangibles positifs, pour initier une boucle de rétroaction positive. C'est une excellente façon de se motiver : obtenir des succès sur des petits objectifs, c'est aussi ce que recommande une certaine école de psychothérapie. Le thérapeute essaie d'obtenir des petits succès sur un sujet précis. Lutter contre l'agoraphobie ou la prise compulsive de nourriture, ne s'obtient pas par une psychanalyse profonde de la structure de la personnalité, mais par des petits gains comportementaux. L'esprit humain a besoin d'une validation extérieure pour renforcer sa confiance en soi. Les accords partiels permettent de capitaliser sur un état émotionnel positif. Grâce à des petits accords, la balance entre risque et confiance se renforce sur un plateau.

C'est pour cela qu'on peut commencer toute discussion sur la base d'accords partiels. Avant de parler des objectifs différents, nous pouvons présenter à l'autre partie la liste des items sur lequel un accord est déjà présent. Cela permet de créer une base à partir de laquelle nous pouvons construire une relation. Avec cela, nous réduisons les tensions et nous instaurons une confiance. *« Vous et moi, nous sommes d'accord sur ceci et cela »,* nous créons à la fois une connexion humaine et une atmosphère de confiance.

Grace à l'attitude de confiance que nous avons créée, nous pouvons maintenant trouver des accords partiels. Parfois on peut trouver des accords sur des sujet triviaux. Imaginons que nous louions un appartement, et pour quelque raison que ce soit, le propriétaire tient absolument à recevoir son loyer le premier du mois plutôt que le deuxième. A-t-elle perdu de l'argent dans le passé, a-t-elle des factures importantes qui tombe le deux et n'a aucune trésorerie ? peu importe, vous pouvez lui donner ce qu'elle recherche, car il vous importe peu de payer le 1er ou le 2 du mois, car vous pouvez mettre en place un virement automatique. Ayant donné à l'autre partie ce qu'elle veut, vous pouvez échanger avec quelque chose que vous voulez vraiment : un accès au parking, l'engagement de repeindre la cuisine ou tout autre contrepartie. Donc un accord partiel sur la date de paiement est facile à donner. Cet accord permet d'échanger quelque chose, dans l'ensemble de l'accord que représente le contrat de location.

Beaucoup de négociations sont en fait des situations complexes où il est difficile de trouver un objectif commun clair et où la simple analyse de la situation peut mener à des discussions poussées, sans solution immédiate. Dans de telles situations, il faut extraire la position la plus abstraite pour trouver un accord, pour imaginer ensuite un scenario plus compliqué dans le détail. Un échange entre diplomates ne commence pas par *« nous allons régler une bonne fois pour toute la situation »*, mais dans un vaste plan de négociation, des petits accords partiels seront trouvés sur des détails.

Cette méthode va à l'encontre une attitude de tout ou rien, qui est souvent manipulatoire. On peut avoir à faire quelqu'un de très engagé dans les jeux de pouvoir et qui va rester dans cette attitude *« c'est à prendre ou à laisser »*. Pire, l'autre partie peur essayer de rendre confuses les choses *« Finalement il faut que nous revenions sur ce que nous avons dit précédemment »*, ou pire encore *« je n'ai jamais accepté cela »*, toujours dans l'idée de nous déstabiliser.

L'intérêt d'un processus et des accords partiels est de pouvoir repartir trois cases en arrière comme sur un plateau de jeu de l'oie, et non pas du départ. L'accord partiel a été donné, il devient une ancre de référence. Rappelons que tout comportement manipulatoire doit être dénoncé et verbalisé *« je pense qu'on s'achemine vers des tactiques manipulatoires qui sont contraires à nos objectifs communs »*. On repart alors sur une base d'accord sûre, c'est à dire des accords partiels précédents.

Les négociateurs débutants auront toujours pour réflexe d'accélérer et de passer rapidement sur ces points d'accord partiels. Or nous savons que construire une relation forte entre individus est plus important que de gagner du temps. Face à une demande d'accélération, il faut savoir donner la cadence de la négociation et imposer un rythme plus lent qui oblige à passer par cette phase d'accords partiels.

En résumé, une négociation ne peut réussir que si elle se base sur une relation de confiance, qui s'obtient par des accords concentriques et commençant par un accord sur les principes de la négociation, l'expression des objectifs communs et divergents, l'accord sur des faits et des standards. Seule une négociation qui a établi ces phases peut aboutir à une suite efficace.

Etablir des scenarios et échanger

Lorsque nous avons établi les bases de la négociation, créé une atmosphère de confiance qui permet un échange d'information réciproque, écouté et présenté les objectifs mutuels, avons même trouvé des zones d'accords, nous devons nous attaquer au noyau dur et parler des zones de non-accord.

Pour dédramatiser, commençons par le scénario le moins souhaitable. Le pire dans une négociation, c'est de ne pas aboutir à un résultat, ce qui arrive quand les protagonistes se séparent sans solution. C'est le pire, car on ne gagne rien, on a créé une relation négative et une boucle personnelle de renforcement négatif.

Un moindre mal est un scénario de concessions réciproques : on fait moitié-moitié. C'est un résultat, mais à quoi cela sert-il de discuter longuement si c'est pour arriver à une solution simplissime ? Le jeu des concessions réciproques n'est vraiment pas le meilleur jeu possible.

On pourrait imaginer des discussions de « marchand de tapis ». *« Je te dis 40, non 20, alors 35, non 25, non 32, non 28, bon allez 30 et on n'en parle plus »*. C'est cinématographique, cela permet d'exprimer la force du héros, et on le voit souvent, mais dans la vraie vie, une solution peu intéressante. Si aucune autre solution n'est possible, si tous les scénarios possibles ont été explorés, on peut à la limite jouer à cela. C'est une solution très légèrement positive, la solution de moindre mal.

Une meilleure possibilité s'obtiendra en bâtissant des scenarios. Etablir des scénarios, c'est parler du futur, c'est essayer de dessiner un avenir intéressant pour les deux, c'est tenter d'établir des options. *« Que diriez-vous si je vous proposais cela ? »*

Nous avons posé des questions, compris les motivations et les besoins de l'autre partie, l'idée est donc d'imaginer des solutions qui satisfassent ces besoins, tout en satisfaisant les siens. Et d'articuler cette satisfaction, de la détailler. *« Voici ce que je vous propose, et les avantages de cette solution sont ceci ou cela »*. En étant certain, par la préparation, de nos objectifs, nous sommes libérés de notre peur et capables de faire des propositions tournées vers les objectifs de l'autre partie. Elles sont donc susceptibles d'être acceptées facilement.

De tels scénarios sont basés sur le principe de l'échange. On négocie en rappelant à l'infini le principe de l'échange : c'est du donnant-donnant.

En négociation, la solution idéale est d'arriver à échanger des items de valeur différente pour chaque partie : *« je vous donne ce qui est important pour vous et vous me donnez ce qui est important pour moi »*. Toute la discussion doit être menée pour essayer d'aboutir à cette situation : *« je sais ce qui est important pour la personne en face, et j'ai compris ce que je pouvais obtenir d'elle »*.

L'objectif est de sortir du schéma de gâteau à taille fixe, du « lui contre moi ». Or beaucoup de force, on l'a vu, nous ramène à cette situation simple et attirante. La base d'un scenario intéressant est d'isoler le nœud du problème, de le considérer comme insolvable et de bâtir des options autour pour le vaincre.

« J'ai bien compris que nous n'aurions pas un accord simple autour du prix, mais si nous parlions aussi des délais de livraison ? » « J'ai bien compris que nous n'aurons pas de ressources supplémentaires pour finir le projet, est-ce que nous pouvons parler d'une simplification des fonctionnalités ? » Il s'agit d'isoler le nœud du problème et bâtir des scénarios d'échange alternatif autour.

Evidemment la limite de ce nœud est souvent la question : je veux une augmentation et le nœud du problème est l'absence de budget d'augmentation. La question essentielle de toute négociation devient donc : *« à quel moment faut-il conclure qu'on a atteint la limite du négociable ? A quel moment faut-il que je lâche mon objectif d'avoir une augmentation et construise un scénario alternatif avec une promotion, de nouvelles missions, une formation ? »*

Il faut distinguer chez l'autre partie ce qui relève du « véritablement » non-négociable, de ce qui relève de l'affichage de position ou de la manipulation. Et pour se faire, il n'y a pas d'autre solution que de se concentrer sur les besoins de l'autre partie, armé de sa propre force de conviction. Grâce à la relation de confiance, basée sur des standards et des accords partiels, nous devons proposer des idées, des scénarios pour trouver une reformulation nouvelle. L'autre partie a dans la tête une vision de la situation, un équilibre de ses représentations, que nous devons faire changer pour pouvoir imaginer une solution meilleure que celle qui consiste à partager le gâteau. La meilleure idée n'est jamais la première à laquelle on pense ; il faut être persistant pour pouvoir contourner le nœud du problème et trouver un nouveau scénario fructueux. Persistant dans la compréhension de l'autre, obtenir des accords partiels et proposer des scénarios alternatifs.

Toute négociation est basée sur une anticipation de l'avenir. *« Si je pense que les produits que je veux vendre vaudront plus chers demain alors j'ai tendance à faire patienter, si mon client pense qu'ils seront moins chers demain, il attendra pour acheter »*. Qui a raison ? Qui a tort ? C'est sur cette anticipation de l'avenir que se base la négociation. Il faut donc construire ensemble un scénario d'avenir commun, en tout cas en partageant une vision de l'avenir ensemble. Le coach en solution s'attachera donc à essayer de partager cette vision, puis de redescendre dans le présent.

Recadrer les besoins vers ma proposition

L'objectif est de sortir de la négociation de position, du partage de la part fixe, du 50/50. Mais, par réflexe, on est attiré par cette idée : c'est soit moi, soit eux. *« Je veux une réduction, ils veulent conserver leur prix »*. Cette solution n'est pas la plus mauvaise, mais c'est loin d'être la meilleure. Autrement dit face à un blocage important, sans autres possibilités, alors oui le négociateur coupera la poire en deux. On connait sa « Batna », ce qu'on aura si on ne se met pas d'accord, on connait aussi ce qu'on pourrait appeler sa « aafha » average alternative for half agreement, c'est-à-dire l'alternative moyenne d'accord entre deux. Le négociateur excellent aura donc pour objectif d'obtenir plus que la moitié du gâteau, aller au-delà de sa « aafha ».

Ce qui est certain, c'est que lorsque les négociateurs sont dans un état de confiance, dans un esprit de collaboration, ils peuvent imaginer des solutions créatives. Imaginer des solutions, penser à des options, mettre plus de choses sur la table est la seule solution pour se sortir du marchandage de tapis. L'objectif est de recadrer la vision, la signification que chacun a de la situation. Nous devons penser à une solution possible plus grande que celle sur laquelle nous n'avons pas de solution. Nous devons donc rendre négociable ce qui au départ semble soit flou, soit rigide.

Etablir des scénarios, c'est créer un état de « Et si seulement ». Le négociateur excellent fera tout pour être celui qui fait des propositions ; car il vaut mieux être celui-là que d'être celui qui les évalue. Ce dernier doit réfléchir dans un cadre qui lui est proposé ou imposé, son choix est ainsi réduit. Tout l'intérêt de la négociation est de sortir des cadres évidents et de proposer plus et d'être aux commandes dans ce moment-là.

Pour bâtir ces propositions, le négociateur part toujours des besoins de l'autre partie. C'est une règle simple. « J'ai compris que vous vouliez que mon projet aboutisse selon le planning prévu, mais nous avons à faire à des difficultés imprévisibles, je vous propose de discuter d'augmenter les ressources prévues ».

« Ma compagne veut aller à la mer, je veux aller à la montagne ». Par notre discussion sur les besoins et les causes d'une proposition ou d'une idée, j'ai compris ses motivations qui ne sont pas celles d'être face à l'océan, mais de revivre une expérience agréable liée à la mer. Je recadre ma proposition sur la base de ces besoins. Le théorème fondamental de la négociation, s'il en faut un, serait : présenter des arguments pour cadrer ma proposition sur la base des besoins de l'autre partie.

Et il faut travailler de manière incrémentale, partir de ce qui est certain, agréable et facile et obtenir des accords partiels dans la direction de notre proposition.

Plus il y a d'enjeux dans une négociation, plus on a besoin de scénarios complexes pour imaginer une solution efficace. Le drame est que les négociations complexes à fort enjeu nous font réagir émotionnellement. Nous sommes concentrés sur le ici et maintenant, par peur de perdre, par peur d'être débordé. Il faut donc arriver à cet état qui permet d'imaginer des solutions alternatives tout en ayant du recul sur la situation et en l'examinant sous différents angles. Ce sont les conditions d'élaboration des meilleures solutions.

Les négociations sont rarement simples et demandent de mettre sur la table des situations enchevêtrées et complexes, et il s'agit de sortir des jeux de pouvoir qui tendent à former des solutions à prendre ou à laisser. Il faut donc présenter un scénario, le détailler, le retravailler, proposer des amendements. La ténacité fait gagner, parce que d'une part l'autre va arrêter de batailler, il va se rendre à la solution de l'autre par lassitude de batailler, et d'autre part parce qu'en créant des tas de scenario alternatifs, on finira par en trouver un qui fonctionne. La négociation est un art de la créativité et de la persistance.

Le plus souvent les motivations et les besoins sont complexes, interdépendants, voire contradictoires, il est donc impossible de tous les satisfaire. Il faut partir de la plus vivace des motivations, puis explorer les possibilités de satisfaction, pour aller vers un accord avec une proposition. Le travail est de convaincre de renoncer à des désirs secondaires.

Le négociateur va donc amener à la table des propositions nouvelles. Elles seront bâties sur les besoins de l'autre. *« Et si je vous propose de vous donners ceci, qui correspond à votre besoin ?»* Elles seront également basées sur le principe de l'égalité : *« Je vous propose de vous donner ceci, qui correspond à votre besoin, moi je voudrais cela, est-on d'accord ? »* Le négociateur excellent proposera d'échanger ce qui, pour l'autre n'a pas tellement de valeur. C'est le deuxième théorème de la négociation : faire des échanges de valeurs différentes entre les parties.

C'est aussi le moment où il faut aligner ses propres objectifs à la réalité. *« Je voulais obtenir une augmentation forte mais ce point n'est pas possible. Je peux quand même obtenir quelque chose. »* Evidemment pas seulement un cadeau de consolation, mais quelque chose qui aurait paru quasi impossible au début de la négociation. C'est le moment des demandes un peu folles ! Si on a identifié ce que l'autre partie veut, et qu'on lui propose de lui donner, il est plus facile de demander quelque chose d'imprévu.

« J'ai bien compris que les augmentations salariales ne peuvent être données au-dessus de 2%, et vous êtes d'accord que ma demande de 4% est légitime. Et si j'acceptais 2% et qu'en revanche j'obtenais le financement d'une formation, qui justement coute l'équivalent de 1% de mon salaire annuel ? » Formation permettant, évidemment, de postuler l'année suivante à un poste payé 10% de plus. Une règle générale du négociateur en pratique est de ne jamais accepter une proposition simplement, mais de toujours échanger. Il faut être commerçant dans l'âme, à chaque instant, et échanger des engagements.

La négociation Harvard insiste sur le point de séparer la création des solutions à leur évaluation. C'est absolument ce qu'il faut faire. D'abord générer des idées et ensuite essayer d'évaluer si elles sont valables. Il reste que c'est très difficile à faire en pratique. Les négociateurs classiques mélangent proposition et valeur, parlent vite, mélangent tout, sont toujours pressés de se débarrasser de cette tension. On juge, on met une étiquette avant même d'avoir exploré toutes les dimensions d'une idée, la tuant dans l'œuf. Le négociateur excellent essaiera de dresser la liste des solutions possibles avant leur validation. Nous séparerons la création d'une idée de son évaluation. En suivant ce processus, nous ne sommes plus dans un flux de discussions de type ping-pong, où l'on réagit promptement aux propositions de l'autre, mais on agit calmement suivant un algorithme simple.

Faire changer de perception sur les points de blocage

Une négociation est un processus qui arrive fatalement à un blocage. Sans défi, sans rencontre conflictuelle des volontés, la négociation n'est qu'une discussion rapide, où la question est résolue rapidement. La négociation aboutira de manière certaine à un moment de blocage, de tensions, de difficultés. Sans conflit, il n'y a pas de négociation.

Il faut d'ailleurs chercher à faire naître ces conflits. Ils sont le terreau sur lequel va éclore de nouvelles idées. Une discussion sans difficulté, sans point de blocage n'est pas une négociation. Si nous discutons dans un contexte d'enjeu, c'est qu'il y a un besoin de négociation. Les négociateurs débutants peuvent éviter de se confronter au danger, et tourner autour du pot sans jamais arriver à empoigner les difficultés. Dans ce cas, il faudra forcer, mettre sur la table les conflits « Je crois que nous voulons des choses très différentes ». Les négociateurs excellents devront faire passer la discussion de la rencontre sympathique à l'expression précise des différences d'objectifs qui sont le matériau de la négociation.

La règle pour résoudre le nœud du problème, est la règle de Sun Tsu. Se battre de front est toujours inutile, il faut contourner le problème pour le résoudre. Il est très viril de se confronter à l'autre, tel un cow-boy en duel, mais cela n'est pas très fructueux. Le négociateur excellent élimine le blocage en le contournant, en le rendant caduque, en déplaçant le cadre d'analyse.

Le blocage peut avoir deux origines différentes : d'abord une situation émotionnelle des parties, ensuite une différence d'appréciation de la valeur à échanger.

En ce qui concerne la situation émotionnelle, nous avons beaucoup décrit comment agir. Les principes d'attitude sont de parler à l'individu qui est en face et non pas à ce qu'il représente pour nous, parler de ses besoins, de ses représentations, de sa vision du monde. Ensuite il convient de développer une relation de confiance et de ne jamais être influencé par l'attitude rigide de l'autre partie en restant souple, ouvert, confiant et dominé par son envie de résoudre, tel un coach en solution.

Le premier réflexe pourrait être d'expliciter le problème et de le dédramatiser. « Ici, nous avons un désaccord, et nous allons trouver une solution ». Afin de sortir de la spirale de la tension, le négociateur doit faire baisser le risque perçu, le sentiment de peur. Rassurer est le meilleur outil pour vaincre les résistances. Ensuite, il faut proposer des scénarios et des idées. Face à un blocage, il faut proposer plus d'idée, avoir plus de créativité, plus d'imagination. Dans un blocage émotionnel, il faut bâtir la confiance, tourner encore un peu autour du pot pour rétablir une véritable relation entre businessmen.

Au-delà des aspects émotionnels, le blocage peut avoir pour origine une différence de perception de la réalité. *« Ce que je possède (et que l'autre veut), je le considère très important, mais l'autre protagoniste pense que ce n'est pas important que je m'en défasse »*. C'est le fondement même de toute négociation.

« Je veux absolument vendre mon produit à mon client dans une gamme de prix précise (et mon produit est formidable à mes yeux), mais mon client a une offre à un prix inférieur (et considère que mon produit est facilement remplaçable par l'autre) ». Chacun se trouve dans sa propre interprétation de la réalité et de la valeur de ce qu'il possède et qu'il veut échanger.

Cette valeur n'est pas donnée en soi, tombée du ciel et valable pour toujours. La valeur d'un objet, d'un service, d'un avantage est liée à un système de représentation mentale. La valeur d'un objet, c'est le prix de son remplacement ajouté au cout émotionnel. Si je perds mon ordinateur, sa valeur est le prix d'achat d'un neuf, auquel s'ajoute de tous les embêtements à reconfigurer, installer les logiciels et retrouver mes données. Cette valeur émotionnelle peut être très forte. Si dans cet ordinateur, j'avais des photos essentielles d'un proche disparu pour lesquelles je n'ai pas de copie de sauvegarde, c'est un impact émotionnel fort. Si, en tant qu'ingénieur informatique, j'avais appliqué un protocole de copies de sauvegarde parfaite de mes données dans le cloud, l'impact de la perte est plus faible, la valeur est plus faible.

La difficulté à échanger les choses provient donc d'un conflit de perception. Il est souvent un conflit d'interprétation des faits. Il est quasiment toujours une différence d'interprétation de l'avenir.

- *« Si j'achète votre machine à ce prix-là, je vais épuiser mon budget et je n'aurais plus de budget pour les entretiens nécessaire.*
- *Je comprends. Toutefois, ce prix contient une maintenance gratuite pendant 3 ans*
- *J'avais signé un contrat comme celui-là pour une autre machine, mais j'ai appris ensuite qu'une des pannes qui m'était arrivé dans le passé n'était pas couvert par la maintenance, donc maintenant je veux me garder une marge de budget de réparation, c'est pour cela que vous devez descendre votre prix. »*

Ce n'est pas le prix de la machine qui bloque la conclusion, c'est l'interprétation du risque et de l'avenir. Quelle solution ? aller dans le détail *« examinons si vos pannes qui sont apparues les 3 dernières années sont couvertes par mon contrat »*, travailler de manière incrémentale ; *« donc nous sommes d'accord sur le fait que cette machine est celle qui vous faut et que son prix est dans la bonne gamme »*, et obtenir des accords partiels.

L'objectif est toujours de déplacer le problème vers un échange de valeur différente pour les protagonistes. En face d'un conflit, nous devons nous demander : *« qu'est-ce que cette personne peut me donner qui est bonne pour moi et qui a peu de valeur pour elle ? »* C'est la meilleure façon de sortir quelque chose d'une négociation bloquée.

« Je voulais obtenir une réparation pas trop chère de ma voiture. Le prix indiqué est trop élevé pour cette vieille automobile et mon budget est serré en ce moment. Que faire ? » A cette question, il n'y a pas de réponse précise, il n'y a qu'un processus qu'on déroule avec des questions. Que puis-je offrir à ce garagiste qui lui ferait considérer que les deux heures qu'il passe sur mon moteur ne sont pas si importantes ? Tout est possible. Aider son fils dans ses devoirs de math, l'aider dans sa comptabilité, lui donner l'occasion de toucher à une voiture de rêve ? je ne le sais pas, mais lui le sait. Et en discutant avec lui, en établissant une relation, il finira par le dire et je pourrai lui proposer un échange intéressant et tranquillement.

« En tant que manager, j'ai toujours pensé que si mes collaborateurs étaient heureux avec le salaire qu'ils avaient, alors on pouvait rapidement passer à autre chose que cette discussion salariale pénible. Mais en tant que salarié, la hauteur de mon

augmentation était très importante. Qu'est-ce qui m'importait en tant que manager ? Que mes collaborateurs soient motivés, énergiques et efficaces. Toute demande d'augmentation de salaire était compliquée à recevoir, mais toute demande de formation, de télétravail, de prime, de coaching pour tenter une promotion étaient plus simples et faciles à traiter. »

Pour faire changer une personne de perception sur la valeur de ce qu'il possède, il faut agrandir le champ, demander de regarder au-delà de la question. La difficulté intellectuelle est de prendre en compte tous les aspects d'un problème, les conséquences à court et à long terme.

Quand l'autre partie est bloquée sur sa propre vision, il faut essayer de l'inviter à changer de regard. Nous vivons dans un monde ouvert et face à des enjeux complexes. Tout problème peut être analysé sous un autre angle. Nous devons aider l'autre à analyser les conséquences de sa situation, en lui montrant un autre angle, un autre cadre. En s'appuyant sur un standard ou sur une prise de décision précédente. *« Est-ce qu'il est dans l'habitude votre restaurant de donner des frites froides au client ? ». « Est-ce que votre entreprise livre en retard les clients importants qu'elle veut conserver ? »*

Une personne change de perception, non pas avec un Eureka, mais par petits pas. Et la valeur de ce changement est donnée par le sens et l'environnement. Chaque changement de représentation à un cout psychique. Le rôle du négociateur est de minimiser ce coût.

Que faire en cas de blocage ?

Au fond, il y a forcément un blocage. Un autre théorème de la négociation serait que tout n'est pas négociable, en fait. Il y a un petit nœud au milieu dont on ne peut pas parler.

Si le blocage persiste, et il faut persister pour être sûr de l'avoir isolé, c'est qu'on a atteint la zone de non-négociation. Il faut alors revenir en dessous.

Les blocages peuvent être de plusieurs ordres. Le premier est celui lié à une décharge émotionnelle trop forte, ou un environnement qui crée un blocage émotionnel.

Quand un jeune enfant se roulent par terre de colère, il n'y a aucune solution simple. Ce n'est pas le moment de le raisonner, ni de le menacer, ni de s'enfuir. La solution la plus efficace est celle que nous apprend la communication non-violente. Lui reconnaître son droit à l'émotion en gardant une attitude d'ouverture et de dialogue. *« Je vois que tu es en colère, et j'en suis désolé, mais je ne comprends pas la raison de cette colère ».*

Face à des adultes qui sont plongés dans une émotion intense, la réponse doit être du même ordre. Reconnaître le droit, la légitimité à éprouver des émotions intenses, puis essayer de les faire revenir dans un état du moi plus propice à l'échange et au partage, en se basant sur une relation préétablie.

Un deuxième type de blocage peut être lié à la volonté de l'autre partie de jouer de l'intimidation, de la manipulation. Il serait très rare également d'avoir en face de soi un protagoniste qui serait purement dans une recherche perverse de manipulation, mais il est très rare d'avoir du rationnel pur. Quand la manipulation arrive, les coups et les manœuvres doivent être dénoncés. Nous les verbalisons d'abord, puis nous rassurons – c'est la peur qui s'exprime - puis nous les dénonçons. *« J'ai l'impression d'être le sujet de techniques de manipulation ici. Or ce que je veux, c'est créer une relation de confiance. Si nous tombons dans la manipulation, nous n'arriverons pas à trouver une bonne solution. Est-ce que vous êtes prêts à avoir une relation simple pour résoudre notre différend ? »* Il faut donc garder la tête froide, dénoncer les techniques manipulatoires et prendre le temps.

Après avoir établi les bases, les objectifs et cernés les zones de désaccord, le négociateur excellent aura donc établi des scénarios, il aura détaillé les possibles, imaginé des solutions envisageables pour faire avancer à petit pas la négociation tout en gérant ce processus. Pour avancer dans la négociation, il faudra ensuite passer à une phase d'engagement.

Engagement

C'est un moment très important dans la négociation. Un protagoniste amène une certitude, une décision impliquant un élément fixe *« Je vais vous donner une réduction »*, *« je m'engage à te donner une augmentation cette année »*. C'est un engagement. C'est le moment ou l'on arrête le doute pour apporter une certitude.

Le négociateur excellent saura faire la différence entre une hypothèse et un engagement. Cette différence est essentielle, elle s'adresse à deux instances de l'état de notre esprit imaginatif. Une des instances est entourée de flou, l'autre est un point d'appui. Un engagement, c'est un choix de destination à un carrefour, il est difficile de revenir en arrière.

« Oui, je vous offre 10% de réduction »
« Oui, nous allons partir en vacances à la mer »
« Oui, nous pouvons discuter de mes horaires de travail »

Pour sortir des moments de scenario, d'hypothèse, un engagement doit être pris à l'oral ou sur un contrat, tout dépend des cultures, mais il doit être identifié comme tel par les protagonistes. Combien de millions d'incompréhensions quotidiennes sur cette planète entre ceux qui croyaient entendre un engagement et ceux qui pensaient émettre une hypothèse ?

Le négociateur excellent fera donc son possible pour obtenir des engagements. On obtient d'abord des engagements sur des principes, comme par exemple, de négocier sans manipulation, ou de terminer la discussion dans la journée. Puis on va par petit pas incrémentaux, obtenir des engagements sur le sujet de la négociation.

Evidemment le risque premier est de s'engager trop tôt. On peut prendre un engagement sans avoir analysé ses conséquences jusqu'au bout et on aura créé un point de fixation loin de l'idéal et supprimé tout un champ de possibles, qui aurait pu être plus fructueux. Pourtant il faut en même temps s'engager car on ne va pas faire des scénarios « en l'air » pendant des heures. D'autant plus que lorsqu'on fait des scénarios, on est dans l'hypothèse, le doute, la possibilité. Cet état est anxiogène, rien n'est sûr, tout peut arriver. Il est tentant de chercher à établir vite des engagements pour faire avancer la discussion.

Il faut donc être sûr d'avoir produit suffisamment d'hypothèses pour avoir un scénario efficace. Comment s'en assurer ? Il n'y aucune règle générale, malheureusement, mais si on est conscient de ses objectifs principaux, si on a fait le deuil des objectifs secondaires, on a alors un guide pour avancer. L'engagement peut être donné si on ne touche pas à l'essentiel, au cœur de la négociation, en se situant dans la confiance, l'échange et en progressant par petit pas.

L'idéal est donc de toujours s'engager à échanger quelque chose de valeurs différentes pour les deux parties : *« j'accepte un niveau d'augmentation de mon salaire en échange de la participation à un projet stratégique, j'accepte de revoir mon planning de projet en échange de l'engagement de plus de ressources »,* etc.

Certaines négociations vont être assez fluides mais buter sur des obstacles au moment des engagements. C'est loin d'être la situation idéale. Avoir passé des heures à discuter, formulé des hypothèses, analysé leurs conséquences pour aboutir à un non ferme à ce moment-là, c'est une négociation mal organisée. Mais cela arrive.

Les obstacles à la conclusion peuvent être de plusieurs ordres. L'autre partie peut tout d'abord ne pas apprécier la valeur de l'offre. Ce qu'on reçoit vaut toujours moins que ce qu'on donne. Négocier, c'est échanger et il est difficile de renoncer à tout avoir, à voir tous ses objectifs remplis. Quand on veut la plus grosse part de gâteau, il est difficile d'apprécier une petite part, même si elle est livrée avec une cuillère en argent pour la déguster. Le négociateur excellent, à l'aise dans son processus, repartira en arrière, peut-être même jusqu'aux objectifs ou aux standards et essaiera d'articuler avec plus de détails les avantages du scénario envisagé.

Ensuite, c'est la perception de l'urgence. Il peut y avoir une différence de cadre temporel entre les parties, l'un a besoin de conclure rapidement quand l'autre n'est pas pressé. Le cadre temporel est un des objectifs à prendre en compte dans une préparation. Le besoin de conclure rapidement peut être parfaitement légitime mais ça n'est qu'un objectif. Une préparation efficace doit prendre en compte le cadre temporel des décisions. Face à quelqu'un de pressé on peut faire un échange : *« je vous donne une réponse rapide, si vous me donnez quelque chose »*.

Le cadre temporel peut aussi être une tentative de manipulation : « achetez ce produit maintenant, ou demain il sera plus cher », en pensant que le stress empêche l'évaluation des options. Le négociateur devra toujours ramener cette discussion de temps à un processus, c'est-à-dire que la montre doit être soumise au processus. On n'accélère pas les négociations, le temps n'est pas un vieux concert à disrupter par une start-up. Le processus de négociation, le temps nécessaire à réaliser ses phases, est la conséquence du fonctionnement de notre cerveau. Si l'autre partie a besoin d'une décision rapide, on peut forcément s'entendre sur des concessions sur d'autres objectifs moins importants (c'est-à-dire demander plus, en fait). Si les conditions ne sont pas réunies pour accepter un cadre temporel pour soi, parce qu'on ne se sent pas fort, celui-ci ne doit pas être accepté.

Enfin, tous les autres obstacles peuvent ressurgir. L'autre partie peut invoquer son incapacité à décider, le fait de ne pas avoir le temps, ou de ne pas avoir bien évalué les options.

Il n'existe pas de règle générale pour vaincre absolument tous les obstacles, malheureusement. Quand on a épuisé toutes les questions possibles, les scénarios alternatifs possibles, et qu'on a déminé l'ensemble des risques émotionnels, si aucune solution n'a pu être envisagé, et bien il est temps de s'accorder sur le fait qu'aucun accord n'est possible. Des accords partiels sont possibles : couper la poire en deux est possible, ajourner est possible ou imaginer, ailleurs, d'autres scénarios pour soi.

Une négociation est un exercice complexe, entre les besoins des parties, les jeux psychologiques et les risques de blocage. Garder le cap implique de penser à dix choses à la fois. Pour devenir un négociateur excellent, imaginer un processus fait de parties différentes qu'on doit réaliser permet de réussir à maitriser ses négociations quotidiennes. Une préparation s'impose toujours, une attitude d'ouverture et d'écoute est nécessaire. Le négociateur doit passer par une phase où on établit les bases : on parle des objectifs, on s'accorde sur les faits et les standards, avant d'aborder les scénarios. Convaincre de ses vues passe par cadrer ses propositions dans l'imaginaire de la personne à convaincre. Gagner une négociation consiste à échanger des items de valeur différente pour les parties, c'est-à-dire des engagements réciproques d'action.

Conclusion

Savoir négocier est essentiel dans la vie personnelle ou professionnelle, que ce soit pour obtenir un délai dans son rendu de projet, pour s'accorder sur un prix, sur un contrat, sur un avenir. La plupart des gens abordent les négociations selon l'intuition et guidés par l'envie d'échanger des arguments, c'est-à-dire des points de vue personnels. On espère convaincre l'autre de ses arguments et résister à la force des arguments de l'autre partie. De ces échanges, on en sort parfois satisfaits, parfois frustré. Or négocier s'apprend, c'est une compétence que l'on peut développer et qui, en plus, n'est pas très compliqué une fois qu'on en a compris les déterminants. Echanger des arguments n'est que le reflet de jeux psychologiques qui déterminent les négociations.

L'être humain est un animal social et analytique. Il est un animal car il est le sujet des émotions qui le définissent : *« ce que je veux, ce dont j'ai peur, ce qui m'attire »*. Il est social car l'homme n'est pas comme un chat qui fait ce qu'il veut, mais comme un animal de meute, ou chacun a une place, ou des jeux d'autorité et de normes définissent ce qui est possible. Il est normal de demander une augmentation, il est relativement normal d'éprouver de la colère ou de la frustration à ne pas obtenir cette augmentation, il est inacceptable de tout casser ou de hurler si on ne l'a pas obtenu. Enfin l'homme est un animal analytique car il est capable d'analyser, de comparer, de mesurer si cette augmentation est bonne, juste, supérieure.

Dans les négociations se jouent des enjeux personnels importants, on y risque de perdre ou de gagner. On est piloté par la peur de perdre ou l'envie de gagner. On est sous l'influence de ses besoins psychologiques et sous la domination de son cerveau capable d'imaginer des scénarios complexes tout en étant susceptible d'altérer la réalité par des biais risqués.

La manière de réussir une négociation est d'échanger des items de valeur différente entre les parties. *« Je te donne ceci qui a beaucoup de valeur pour toi et tu me donnes en échange ceci qui a moins de valeur ».* Ces valeurs peuvent être évidente, *« ton vieux pull contre une demi-heure de mon temps »,* elles peuvent être complexes, comme le risque associé aux clauses d'un contrat. Le rôle du négociateur excellent est de les rendre claires à chacun. Or cette valeur provient de l'interprétation émotionnelle de faits qui sont des ancres de notre psychisme. 15% d'augmentation, c'est beaucoup ? deux week-end d'affilés avec ma belle-mère, c'est trop ? Cette clause contractuelle qui garantit la sécurité est-elle trop restrictive de ma liberté d'agir ?

Dans la discussion de négociation, il faut à un moment arriver à discuter de la différence de valeur perçue, pour la faire changer. On doit arriver à convaincre que ce que l'autre va donner est bien plus faible que ce qu'il va recevoir. Pour cela des prérequis sont nécessaires. D'abord avoir installé une relation, nous n'échangeons que dans un certain niveau de confiance. Ensuite avoir pu comprendre quelle est la valeur perçue de l'autre, et évidemment, s'être bien préparé pour être sûr de la valeur que l'on va donner.

L'attitude gagnante pour réussir à changer la perception de la valeur chez l'autre, c'est d'être tourné vers lui. L'idée du coach en solution est de se décentrer. Négocier passe par faire changer de cadre d'analyse une série de faits qui sont rattachés à la problématique de la négociation. Négocier, c'est reformuler l'interprétation des faits vers un nouvel équilibre de signification qui permette de construire un scénario d'avenir. « C'est vrai que le retard accumulé dans ce projet est terrible, c'est vrai qu'on ne peut imaginer que deux scénarios d'avenir, négocions lequel des deux créé le plus de valeur pour nous. » Ce travail psychique a un cout car tout le monde tient à garder son équilibre. Ce coût est acceptable parce que le nouvel équilibre est attirant, positif et présenté dans une relation de confiance. Il est aussi acceptable car il a été élaboré dans un processus précis.

Négocier est effectivement un processus relationnel dynamique, et le négociateur excellent doit garder le cap entre des bords dangereux. Aller trop vite et négliger des détails, aller trop lentement et détruire la confiance. Chercher les accords et perdre ses objectifs ou se confronter à l'autre et risquer « le combat de coq ».

Devenir un négociateur excellent est aisé : écouter, reformuler, expliquer. C'est la base de toutes les formations au management, à la résolution de conflits, à la communication non-violente. Mais c'est aussi très difficile car l'envie d'opposition, nos besoins d'égo, nos représentations mentales nous poussent à nous dévier en permanence. Seule une compréhension des déterminants psychologiques de ces risques permet de les éviter. C'est ce qu'a essayer de faire cet ouvrage. Pour devenir un négociateur excellent, l'autre travail échappe à la lecture : il faut s'entrainer, se tromper, réfléchir, apprendre et réessayer.

C'est donc le point final, clore le livre et aller trouver des accords avec les gens autour de nous.

Références bibliographiques

Patrick Audebert-Lasrochas, *La négociation*, édition d'organisation
Eric Berne, *Des jeux et des hommes*, Stock
Robert Cialdini, *Influence et manipulation*, Pocket
Jean Jacques Crevecoeur, *Relations et jeux de pouvoir*, Jouvence Edition
Stuart Diamond, *Getting more*, Random House Inc
François Délivré, *le pouvoir de négocier*, InterEditions
Roger Fisher, William Ury, *Getting to Yes Fisher & Ury*, Penguin Books
Robert Greene, *Power*, à contre courant
Chip Heath, *Les idées qui collent*, Village mondial
Alexis Kyprianou, *La bible de la négociation*, Eyrolles
Henri Laborit, *Eloge de la fuite*, folio
Alain Lempereur, *Méthode de négociation*, Dunod
Jean-François Mauert, *Négocier, les clefs pour réussir*, Dunod
Marwan Mery, *Manuel de négociation complexe*, Eyrolles
Bernard Missenard, *Savoir négocier face à face*, les éditions d'organisation
Julien Pélabère, *La négociation d'influence*, Dunod
Kerry Patterson, *Conversations cruciales*, Ixelles
Paul Watzlawick, *Comment réussir à échouer*, Seuil

Table des matières

La dynamique relationnelle de la négociation 13
- La situation émotionnelle des parties 16
- Les réflexes cognitifs et sociaux 62
- Les dynamiques relationnelles 84

Les réflexes des négociateurs excellents 128
- L'attitude gagnante..130
- Comprendre l'autre partie 167
- Communiquer avec excellence 182
- Gérer la relation 195

Les bons réflexes au bon moment 202
- Le processus dynamique de la négociation 203
- La préparation 208
- L'ouverture 212
- Les bases et les faits 217
- Etablir des scénarios et échanger 235
- L'engagement 249